中国古代兵器

王烨　编著

中国商业出版社

图书在版编目（CIP）数据

中国古代兵器／王烨编著．-- 北京：中国商业出版社，2014.12（2021.1 重印）
ISBN 978-7-5044-8540-3

Ⅰ．①中… Ⅱ．①王… Ⅲ．①兵器（考古）-介绍-中国 Ⅳ．①K875.8

中国版本图书馆 CIP 数据核字（2014）第 299159 号

责任编辑：常松

中国商业出版社出版发行
010-63180647 www.c-cbook.com
（100053 北京广安门内报国寺 1 号）
新华书店经销
三河市吉祥印务有限公司印刷
*
710 毫米×1000 毫米 16 开 12.5 印张 200 千字
2015 年 1 月第 1 版 2021 年 1 月第 2 次印刷
定价：25.00 元
* * * *
（如有印装质量问题可更换）

《中国传统民俗文化》编委

序　言

中国是举世闻名的文明古国，在漫长的历史发展过程中，勤劳智慧的中国人，创造了丰富多彩、绚丽多姿的文化，可以说人创造了文化，文化创造了人。这些经过锤炼和沉淀的古代传统文化，凝聚着华夏各族人民的性格、精神和智慧，是中华民族相互认同的标志和纽带，在人类文化的百花园中摇曳生姿，展现着自己独特的风采，对人类文化的多样性发展作出了巨大贡献。中国传统民俗文化内容广博，风格独特，深深地吸引着世界人民的眼光。

正因如此，我们必须深入学习贯彻党的十八届三中全会精神，按照中央的要求，加强文化建设。2006 年 5 月，时任浙江省委书记习近平同志就已提出："文化通过传承为社会进步发挥基础作用，文化会促进或制约经济乃至整个社会的发展。"又说，"文化的力量最终可以转化为物质的力量，文化的软实力最终可以转化为经济的硬实力"。(《浙江文化研究工程成果文库总序》)2014 年他去山东考察时，再次强调：中华民族伟大复兴，需要以中华文化发展繁荣为条件。

学习习近平同志的重要讲话，确可体会到，在政治、经济、军事、社会和自然要素之中，文化是协调各个要素协同发展、相关耦合的关键。正因如此，我们应该对华夏民族文化进行广阔、全面的检视。我们应该唤醒我们民族的集体记忆，复兴我们民族的伟大精神，发展和繁荣中华民族的优秀文化，为我们民族在强国之路上阔步前行创设先决条件。

实现民族文化的复兴,必须传承中华文化的优秀传统。现代的中国人,特别是年轻人,对传统文化十分感兴趣,蕴含感情。但当下也有人对具体典籍、历史事实不甚了解。比如,中国是书法大国,谈起书法,有些人或许只知道些书法大家如王羲之、柳公权等的名字,知道《兰亭集序》是千古书法珍品,仅此而已。再如,我们都知道中国是闻名于世的瓷器大国,中国的瓷器令西方人叹为观止,中国也因此获得了"瓷器之国"(英语 china 的另一义即为瓷器)的美誉。然而关于瓷器的由来、形制的演变、纹饰的演化、烧制等瓷器文化的内涵,就知之甚少了。中国还是武术大国,然而国人的武术知识,或许更多来源于一部部精彩的武侠影视作品,对于真正的武术文化,我们就难以窥其堂奥了。我国还是崇尚玉文化的国度,我们的祖先发现了这种"温润而有光泽的美石",并赋予了这种冰冷的自然物以鲜活的生命力和文化性格,如"君子当温润如玉",女子应"冰清玉洁""守身如玉";"玉有五德",即"仁""义""智""勇""洁"等。今天,熟悉这些玉文化内涵的国人,也为数不多了。

也许正有鉴于此,有忧于此,近年来,已有不少有志之士,开始了复兴中国传统文化的努力之路,读经热开始风靡海峡两岸,不少孩童乃至成人,开始重拾经典,在故纸旧书中品味古人的智慧,发现古文化历久弥新的魅力。电视讲坛里一拨又一拨对古文化的讲述,也吸引着数以万计的人,重新审视古文化的价值。现在放在读者面前的这套"中国传统民俗文化"丛书,也是这一努力的又一体现。我们现在确实应注重研究成果的学术价值和应用价值,充分发挥其认识世界、传承文化、创新理论、咨政育人的重要作用。

中国的传统文化内容博大,体系庞杂,该如何下手,如何呈现?这套丛书处理得可谓系统性强,别具心思。编者分别按物质文化、制度文化、精神文化等方面来分门别类地进行组织编写,例如在物质文化层面,就有中国古代酒具、中国古代农具、中国古代青铜器、中国古代钱币、中国古代石刻、中国古代木雕、中国古代建筑、中国古代砖瓦、中国古代玉器、中国古代陶器、中国古代漆器、中国古代桥梁等；在精神文化层面，就有中国古代书法、中国古代绘画、中国古代音乐、中国古代艺术、中国古代篆刻、中国古代家训、中国古代戏曲、中国古代版画等；在制度文化层面，就有中国古代科举、中国古代官制、中国古代教育、中国古代军队、中国古代法律等。

此外，在历史的发展长河中，中国各行各业还涌现出一大批杰出人物，至今闪耀着夺目的光辉，以启迪后人，示范来者。对此，这套丛书也给予了应有的重视，中国古代名将、中国古代名相、中国古代名帝、中国古代文人、中国古代高僧等，就是这方面的体现。

生活在21世纪的我们，或许对古人的生活颇感兴趣，他们的吃穿住用如何？如何过节？如何安排婚丧嫁娶？如何交通出行？孩子如何玩耍等。这些饶有兴趣的内容，这套“中国传统民俗文化丛书”都有所涉猎，如中国古代婚姻、中国古代丧葬、中国古代节日、中国古代风俗、中国古代礼仪、中国古代饮食、中国古代交通、中国古代家具、中国古代玩具、中国古代鞋帽等，这些书籍介绍的都是人们颇感兴趣，平时却无从知晓的内容。

在经济生活层面，这套丛书安排了中国古代农业、中国古代纺织、中国古代经济、中国古代贸易、中国古代水利、中国古代车马、中国古代赋税等内容，足以勾勒出古代人经济生活的主要内容，让今人得以窥见自己祖先的经济生活情状。

在物质遗存方面，这套丛书则选择了中国古镇、中国古楼、中国古寺、中国古陵墓、中国古塔、中国古战场、中国古村落、中国古街、中国古代宫殿、中国古代城墙、中国古关等内容。相信读罢这些书，喜欢中国古代物质遗存的读者，已经能掌握这一领域的大多数知识了。

除了上述内容外，其实还有很多难以归类却饶有兴趣的内容，如中国古代乞丐这样的社会史内容，也许有助于我们深入了解这些古代社会底层民众的真实生活情状，走出武侠小说家加诸在他们身上的虚幻的丐帮色彩，还原他们的本来面目，加深我们对历史真实性的了解。继承和发扬中华民族几千年创造的优秀文化和民族精神是我们责无旁贷的历史责任。

不难看出，单就内容所涵盖的范围广度来说，有物质遗产，有非物质遗产，还有国粹。这套丛书无疑当得起“中国传统文化的百科全书”的美誉了。这套丛书还邀约了大批相关的专家、教授参与并指导了稿件的编写工作。应当指出的是，这套丛书在写作过程中，既钩稽、爬梳大量古代文化文献典籍，又参照近人与今人的研究成果，将宏观把握与微观考察相结合。在论述、阐释中，既注意重点突出，又着重于论证层次清晰，从多角度、多层面对文化现象与发展加以考察。这套丛书的出版，有助于我们走进古人的世界，了解他们的美好生活，去回望我们来时的路。学史使人明智，历史的回眸，有助于我们汲取古人的智慧，借历史的明灯，照亮未来的路，为我们中华民族的伟大崛起添砖加瓦。

是为序。

傅璇琮

2014年2月8日

前 言

从某种程度上讲，人类的历史就是一部战争的历史。自从人类社会形成以来，战争就一直伴随着我们一同前进。战争既对人类文明的发展和进步起着催化和促进作用，又时刻威胁着人类自身的生存。而作为战争工具的兵器，则见证了社会生产力的发展，也见证了社会历史的变迁。

在人类社会的发展初期，工具和兵器的概念基本上相同的。随着社会的复杂化以及工艺的水平进步，工具很自然地因为用途的不同而有了相应的变化。到了原始社会晚期（即新石器时代晚期）的战争中，带有锋刃的生产工具分化出专门用于作战的兵器，兵器的定义也随之明确下来。兵器与猎具、工具不再混淆，而是专指人与人进行武力斗争时所使用的器具。

随着社会生产力的发展和战争的需要，兵器也在不断地发展变化。到了青铜器时代和铁器时代，以青铜和钢铁为主的冷兵器的发展日渐成熟。火药发明以后，火器逐渐发展起来，在一个相当长的时期内与冷兵器并用。进入工业文明时代以后，人类的战争形式和所用的兵器又发生了根本性的变化。

今天，历史上的刀光剑影已经定格为脑海中久远的记忆；厮杀呐喊也变成了来自远古的回声。眼前的这本书，将带领青少年朋友们一同观览尘封几千年的斧钺钩叉、刀枪剑戟。通过对古代兵器的介绍，我们将重温那一段段久违了的金戈铁马的岁月。

本书所讲的中国古代兵器，是指从中国史前时代（原始社会晚期）一直到清朝后期（1840 年鸦片战争）为止，中国古代国家军队使用的各种兵器——包括进攻性兵器和防护装具，也同时介绍一些民间武术界的常见武器。

目录

序章　中国古代兵器概况

第一章　冷兵器

序章

中国古代兵器概况

人类社会的发展初期,工具和兵器之间并无明显的界限。随着社会的复杂化以及工艺的进步,工具很自然地因用途的不同而有了诸多的改变。

随着社会生产力的发展和战争的需要,兵器也不断发展变化。到了青铜器时代和铁器时代,以青铜和钢铁为主的冷兵器的发展日趋成熟。火药发明以后,火器逐渐发展起来,在一个较长的时期中与冷兵器并用。进入工业文明时代以后,人类的战争形式和所用的兵器又发生了根本性的变化。

第一节 中国古代兵器发展简况

无论古今中外，人们都把火药用于兵器制造作为一个历史分期的标志。在火药发明以前，战争使用的兵器称为冷兵器；火药发明以后，特别是火药开始使用于战争以后，就出现了火药制作的兵器，就是火器。此后的战争一般是冷兵器和火器并用的。在中国古代，冷兵器与火器的分水岭是在北宋时代。同时，我们也根据材质的不同，把冷兵器的发展区分为三个阶段——石质兵器阶段、青铜兵器阶段和钢铁兵器阶段。这样，我们把中国古代兵器的发展历程大致分成四个阶段。

史前时期的石质兵器

这里所说的“史前时期”，从考古学来讲叫石器时代，我们称这个阶段是石器时代的兵器。

石器时代的战争是原始的战争。石器时代的兵器也是很原始的兵器。这些所谓“兵器”原来都是作为生产工具用的。由于生存竞争或血族仇杀，氏族或部落之间常会发生冲突。到了氏族之间发生激烈的矛盾，需要武力来解决的时候，这些有锋刃的生产工具就被用来杀人，这也就是兵器的萌芽。这种杀人工具与生产工具不分的状况，在史前阶段曾经历了一个很长的时期。

新石器时代的石钺

在距今 6000 ~ 7000 年以前，黄河流域的一些文明遗址中，考古人员发现了大量石斧、石刀、石锄、石锛、石镰、石链、骨耜（古代耕田用的农具）、穿孔斧和多孔石斧等生产工具。同时，这些遗址的先民们已经聚居于一处，形成了相对的聚落。说明这一时期部落和部落联盟开始形成。这种社会组织形式，已与旧石器时代和新石器时代早期的社会组织形式不同。

随着人口的增加和生产的发展，有时部落和部落联盟之间会因为争夺水源、草地和婚姻掠夺等纠纷，进而引起武力冲突。在武力冲突中，原始人类就会拿起手边用于生产的石斧、石刀、石镰等工具进行厮杀。于是过去单纯用于生产劳动和防备野兽伤害的工具，便被当作厮杀的工具使用了。

到了 5000 多年前，有些氏族部落开始从母系氏族社会向父系氏族社会过渡。这一时期在考古学上属于新石器时代晚期，社会的生产力有了进一步的提升，私人占有财产的数量逐渐增多，部落之间的武力冲突开始带有掠夺财富的性质。而且武力冲突的规模也越来越大，最终发展成部落之间的战争。在这些战争中，单纯地利用带有锋刃的生产工具，已经不能满足作战的需要，于是就出现了专门制作的武器。这些武器，都是当时的人们利用石、骨、竹、木等原始材料，仿照动物的角、爪、喙的形状制成的。这些武器尽管仍然很原始，但比天然或简单加工刮削

原始人打制石器

而成的石器和原本用于生产的工具，其杀伤力要大得多。

生产力的发展和私有制的盛行，促进了原始社会的解体，部落联盟开始向国家过渡，部落联盟之间不断发生激烈而残酷的原始战争。这一过程大约发生在原始社会晚期，约公元前2000年以前。关于这一时期进行的部落战争和战争中使用的武器，在我国古代典籍所记载的神话传说中留下了一些可供探寻的线索。其中提到最多的是黄帝与蚩尤的涿鹿之战。后来炎黄两族之间又因利害冲突而在阪泉进行三次大战。此后还有尧、舜、禹同三苗之间的部落战争。据说在这些战争中，各方都曾创制过一些专用于作战的武器。

例如现已失传、又经后人辑录的《世本·作篇》就把弓和矢的发明权归到了黄帝的大臣挥和夷牟名下；《管子·地数篇》则称矛、戟、芮戈（一种短戈）是蚩尤发明的。《越绝书·记宝剑》还有神农氏、赫胥氏“以石为兵”，黄帝“以玉为兵”的说法。

这些传说和记载虽然带有强烈的神话色彩，但也大体上反映了石制兵器初创时期的概况。近年来，文物考古工作者在新石器时代晚期的文化遗址中

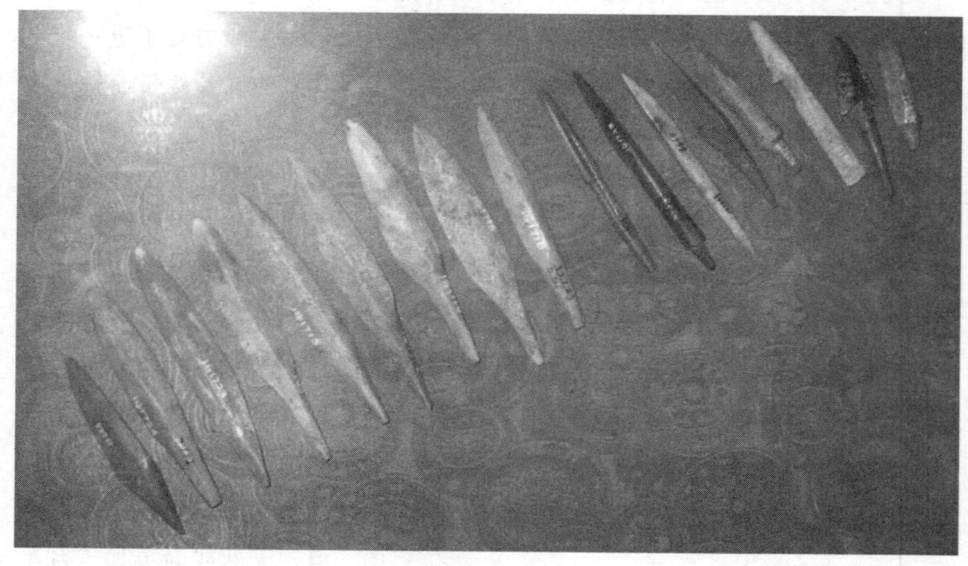

古代石器

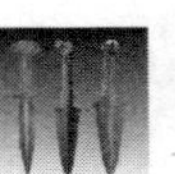

发现了大量的石制锋刃器和工具，说明当时的人们已经熟练地掌握了较高的打击、切割、砥磨、雕琢、钻孔等制作技术，最终能琢磨成较锋利的石质工具；同时也提高了利用石质工具加工木器、骨器的技术，这些技术都为制作石质兵器提供了重要条件。

考古发掘中发现的一些实物也进一步证明，我国先民确实已经在很早的时候就已经开始使用专门的兵器。而这些实物所处的年代与传说中三皇五帝的年代大致吻合。

这一时期，已经由生产工具转化成的兵器主要有：用于远射的木制或竹制的单体弓和装有石制或骨、角、蚌制箭镞的箭；用于扎刺的石矛或骨矛；用于劈砍的石斧、石钺；用于砸击的大木棒和石锤；用于勾砍的石戈；石制或骨、角制的匕首，等等。此外，可能还使用了原始的木弩，以及可以抛发

新石器时代的箭头

石弹的“飞石索”等。同时，为抗御敌方进攻性兵器的杀伤，已经使用了原始的防护装具，主要有竹、木或皮革制造的盾，以及用藤或皮革制造的原始甲、胄。

比如人类最古老的狩猎工具——弓箭，至少出现于距今2万年前。在中国通过考古发现，早在旧石器时代的晚期，远古人类已经制成了石质的箭头，这在古代就叫镞。山西朔州峙峪文化遗址发现的石镞距今25000~28000年，相当于旧石器时代晚期。当然，发现了这样一个狩猎工具，还不能说明这些箭镞真正能用来杀人。

考古学上发现的真正用来伤人的工具是更晚一些时候——距今约5600年的新石器时代的材料。比如陕西宝鸡北首岭仰韶文化的一座墓葬中，有一位缺头的成年男子，双膝间随葬了成束的骨镞。山东大汶口文化的墓葬中出现了一些空墓，但在相当于腰部的位置放置了石斧。这些人很显然是由于非正常死亡因而无法全身下葬。推断这种结果最有可能的就是由于部族之间的武装斗争而导致的。这也可以间接证明，陪葬的这些带有锋刃的工具同时也是他们生前使用的兵器。更加直接的证据是，在江苏邳县大墩子遗址发现了一个墓葬，里边有一个死者，被一枚骨镞射中腿骨，镞头嵌入股骨深达2.7厘米，并在此之后死亡，骨镞也嵌在他身体中一并入葬。这一材料说明，在新石器时代的后期，弓箭确实是用来伤人的，也就是说它真正从生产的狩猎的工具转化成兵器了。云南元谋遗址中还发现了一些死者，有的还保持着被捆

大汶口文化遗址出土的石斧

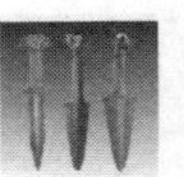

绑的姿势，他们都曾被乱箭射中，有的尸骨中还嵌有十余枚石镞。同类型的考古材料在山西等地的新石器时代遗址中也有所发现。

石斧在石器时代是常见的生产工具，特别是对于男子而言。大汶口文化遗址的男子墓里边通常都放有石斧，说明它是非常最重要的。石斧也是较早变成格斗用的兵器之一。但石斧的刃部比较厚，用于伤人并不理想。于是人们对石斧进行了改造，选择特别坚硬的石料，而且把刃磨得很薄很长，甚至有时候刃的两尖都已经翘起来，这就形成了后来所说的钺。

在良渚文化遗址发现的一个玉钺，上边上角有一个戴着冠的神人像，底下骑一个双眼大张的怪兽；下角还刻有一个神鸟的形象。这只玉钺两端的刃都是上翘的。这样的玉钺，只出现在当时身份很高的人墓葬里，说明它既是当时已经形成的专门的兵器，也是身份的象征。

青铜时代的兵器

人们懂得了金属的冶炼后，首先开始大量冶炼的是青铜。这时候兵器的主要材质就开始变成了青铜的。我们称这个时期的兵器为青铜器时代的兵器。在新石器时代晚期，中国已出现了青铜器，如在甘肃省东乡马家窑文化遗址中就出土了一把距今5000年左右的青铜小刀。但这一时期青铜的使用并不普遍。大约在夏朝，中国全面进入青铜器时代。到了夏末商初时，青铜兵器的铸造工艺已达到一定的水平。河南

青铜兵器

偃师二里头文化遗址中出土的青铜戈、镞等就属于这一时期青铜器的实物。从夏代开始，历经商、西周、春秋到战国时期，中国的青铜时代共延续约2000年。

到了商代，奴隶制国家得到进一步巩固和发展，建立了具有相当规模的军事力量。可以说，这一时期青铜兵器有了极大的发展。青铜兵器的产量扩大，质量提高，战争能效也得到了大幅度的提升。

青铜兵器发展的基础，是商代高度发达的青铜冶炼技术。这一阶段的青铜冶铸工艺已经超越了由矿石混合冶铸的低级阶段，发展到以纯铜、锡和铅按比例冶铸青铜的较高水平。位于河南安阳小屯东南的商朝晚期铸铜遗址，经发掘，面积超过1万平方米，说明生产规模很大；在安阳殷墟的妇好墓中出土的青铜礼器、兵器及其他用品达460多件，总重量1625千克，反映出当时青铜冶铸的规模。周代青铜器生产规模更加扩大，到战国中期，青铜器的制作技术和产品质量都达到了高峰。湖北省随县曾侯乙墓出土铜器总重约达10吨，超出殷墟妇好墓出土铜器总重的5~6倍。

青铜头盔

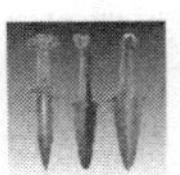

人们在这一时期还不断总结冶铸技术经验。成书于东周时期的《考工记》中的“六齐”（即“剂”，配方），记载了冶铸各种青铜器物的不同合金成分的配比，其中有一半是关于各类兵器的。当时的人们用这种配方指导实际生产，能够保持兵器的质量和生产的稳定性，促进了军队装备的规范化，也促进了兵器性能的提升。

此外，《考工记》中还有“冶氏”、“桃氏”、“函人”、“庐人”、“弓人”等工种名称，并详细描述了他们的职责以及技术操作规程。其中对包括制造兵器所用材料的选择、尺寸大小、形制规格、构造式样和操作规程等，都提出了明确的要求，作出了具体的规定，说明春秋时期制造的兵器，已经向标准化和制式化的方向迈出了最早的一步。因此可以说，《考工记》是我国2500多年前兵器制造工艺的创造性成果。

考古发掘的大量实物也说明，当时制造的许多青铜兵器，与《考工记》的工艺规定和要求是基本一致或相近的。

青铜兵器的发展，与这一时期战争的作战方式紧密相联。兵器制作技术的发展及其在军事上的应用，带来了作战方式的变革，而不同的作战方式又反过来要求设计制造出与之相适应的各种兵器。在史前时期，氏族部落之间的争斗只是双方的武装人群徒步作战，缺乏严密的组织和指挥，对兵器没有特别的要求，只要具有一般的杀伤和防护功能。青铜时代初期，仍采用徒步搏斗，最初的青铜兵器就是为了装备最古老的兵种——步兵而制造的。商朝早期，原始步兵的标准装备是柄长60~90厘米的青铜戈以及较大的盾牌，这一情况在周代发生了巨大变化。由于青铜工具的发展，促进了木工加工技术的提高，木制战车的优越逐渐体现出来，其在速度和冲击力上的表现是原始步兵所无法比拟的，原始的徒步格斗逐步为车战所取代，战车逐渐成为军队的主力。车战成为主要的作战方式的一个重要条件，就是商周时期军事角逐的中心地带是黄河中下游地区，广阔的平原为车战提供了利于驰骋的地理条件。为了满足车战的战术要求，兵器的设计和制造随之有了新的变化。商周战车的结构决定了敌对双方的战车只有在交会的时候，车上甲士才适于交手。

戈

由于较长的兵器在交会战时占有很大的优势，因此，在以车战为主的商周时期，长柄（3 米以上）的青铜戈、戟和矛就成为车战的主要兵器，并且随着车战的发展而不断得以改进。

最后值得一提的是，这一时期工匠们还创制了复合剑。这种复合剑的制造技术很巧妙，剑的脊部和刃部是用含锡量不同的青铜分两次铸成的。其方法是先铸造剑柄和剑脊，后铸造剑刃，再将剑刃同剑脊的榫部结合成剑体。经过考古工作者用科学方法对这种剑进行测定，其脊部含锡量为 10%，含锡量低，韧性较大，不易折断，利于长久使用；刃部含锡量为 20%，含锡量较高，坚而利，便于刺击。这种脊部坚韧、刃部锋利、刚柔相济的复合剑，是青铜兵器制造技术提高的重要标志。

当然，在战国以后较长的一段时间内，青铜兵器并没有马上全部退出历史舞台，而是与钢铁兵器有一段较长时间并用的阶段。

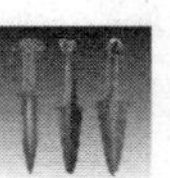

钢铁兵器时代

早在商代，我们的祖先就已经知道从太空陨落到地球上的陨铁，并利用陨铁铸造铜铁复合兵器。其铸造方法是先用陨铁锻打成某一特殊部分，而后再与用青铜制的主体部分合在一起浇铸而成。如河北省藁城市出土过一件铁刃铜钺，河南省浚县出土过铁刃铜钺、铁援铜戈等。它们的出土，说明我们的祖先在公元前 14 世纪 ~ 前 12 世纪，已经能够对陨铁和青铜采用不同的热加工工艺制成兵器了。

在西周晚期，即公元前 8 世纪，我国已经出现人造的铁器。河南三门峡市上村岭出土的一把玉柄铁剑是这一时期铁制兵器的代表。到春秋末战国初，铁器已被推广应用于农业、手工业和兵器制造业等部门中。到了战国中期，各诸侯国均已设有冶铁基地，并委任专门的官员进行管理。根据考古发现和文献记载，负责主持冶铁和铸造的各级官员有“工师”、“冶尹”等名称。专门化管理和分工协作保证了冶铁业的发展。而随着冶铁业的发展，钢铁兵器的冶铸技术也得到了相应的提高。于是战国后期各诸侯国便大量制造钢铁兵器，使之成为军队的主要装备。文献记载和出土实物证明，当时南方的楚国、北方的燕国和中原地区的韩、魏、赵等国，都已使用铁剑、铁矛、铁戟和铁片兜鍪等兵器和装具了。比如河北省易县武阳台村的战国后期燕国都城遗址中，就曾经出土过 79 件铁器，其中包括矛、戟、刀、剑、匕首等兵器。有五件经过考古工作者的检测，发现它们都是

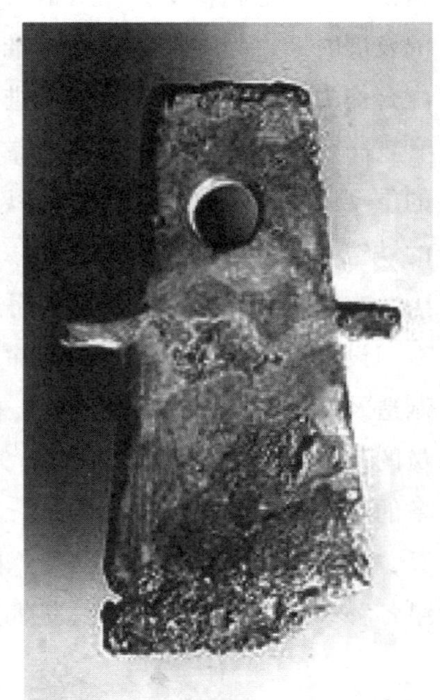
河北省藁城出土的铁刃铜钺残件

用块炼铁固态渗碳钢锻制而成的，是经过淬火处理后制成的高硬度钢铁兵器，其坚韧锋利的程度已经大大超过了青铜兵器。

到了秦汉时期，我国的冶铁和钢铁铸造技术又获得了进一步发展。淬火、退火、铸铁脱碳等工艺得到了普遍推广，这也进一步推动了钢铁兵器制造技术和质量的提高。汉承秦制，一方面设置考工令专管兵器制造，另一方面又在长安城内的长乐宫与未央宫之间，建造1500平方米的兵器库群，存放铁制的刀、剑、矛、戟、战斧和箭簇，以及一部分青铜兵器。其中铁镞是青铜镞的10倍左右，这种数量上的悬殊，反映了铜铁兵器的消长情况。钢铁兵器比青铜兵器具有更好的韧性，因而更利于作战。在此期间，铁制的环首刀已经开始使用，铁制的矛和戟，也逐渐取代青铜制的戈和戟，除了射远兵器弩还保留着青铜弩机外，几乎所有的兵器都已有了铁制的替代用品。

自东汉至唐代，炼钢技术、百炼钢技术、灌钢技术逐渐创造和发展起来，钢铁的质量更趋精良。优质钢铁用于制造兵器后，使钢铁兵器进入相对稳定的发展时期，为兵器制造的标准化创造了条件。同时，以骑兵为主力、步骑配合作战方式的逐渐成熟也促进了钢铁兵器的发展。如步兵使用刀和盾，具有攻防兼备的特点；射远的兵器有单兵使用的弓箭，也有多名士兵配合使用的重型床弩；南北朝时的骑兵以长体双刃的马稍代替了过时的马戟；用精致的铁铠甲代替了过时的旧铠甲。

在唐代，我国钢铁兵器获得迅速发展，并达到成熟完善。唐朝中央政府专门设立了军器监。这一机构除了负责掌管兵器制造以外，还负责颁布兵器制造及使用的统一标准和制式。据《新唐书·兵志》记载，当时一名战斗兵员的基本装备大致是："弓一、矢三十、胡禄、横刀……皆一。"可见单兵装备的兵器种类齐全，用途多样，有格斗兵器、卫体兵器、射远兵器和防护装具，具有攻防兼备、轻重结合、长短互补的特点。若全军出征，不同士兵操纵各种兵器配合作战，可以发挥综合杀敌的作用。

知识链接

兵器的演变

兵器又称武器，是在武装斗争中直接杀伤敌人有生力量和破坏敌人作战设施的器械和工具。随着社会生产力的发展和战争的需要，人类以往使用的武器经历了冷兵器、热兵器的时代。古代打仗用的刀、枪等十八般兵器都是冷兵器，而火药发明后出现的火炮、手雷等都是热兵器。而核武器的应用，则标志着武器的发展进入了一个新阶段。

在宋代的300多年中，两宋朝廷和北方的辽、西夏、金、蒙古等各少数民族政权之间，曾先后发生多次战争；各少数民族政权之间的战争也几乎从未间断。这些战争先后相衔、犬牙交错。为了夺取胜利，各方都竞相发展钢铁冶炼业，建立庞大的兵器制造和管理系统，制造各种兵器。

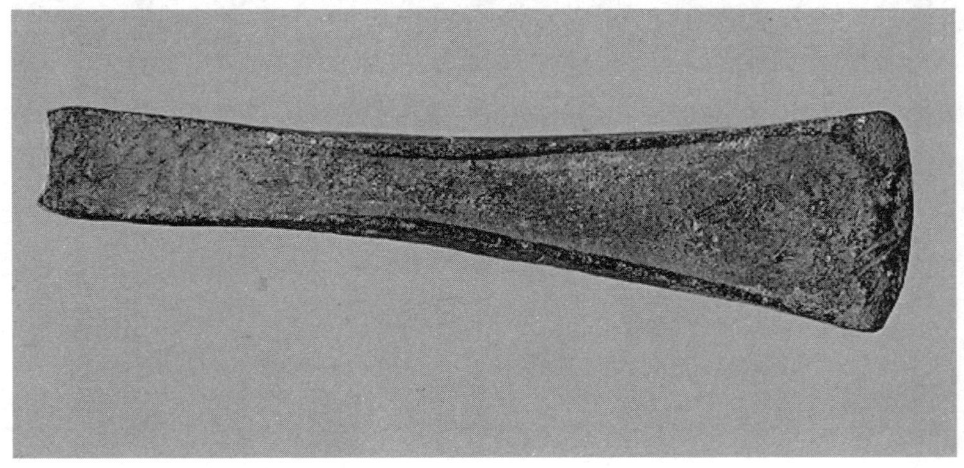

扁斧

宋太祖开宝八年（975 年），北宋在开封设立了南北作坊和弓弩院，并在各州设立了作、院。其中集中了很多工匠，仅开封的弓弩院就有兵匠 1024 人。他们分工细密，制造的兵器数量多。其中南北作坊每年要造弓、弩、箭 1650 多万件，各州的作、院每年要造弓、弩、枪、剑、铠甲等 610 万件。宋太祖赵匡胤甚至每天要对开封各作、院制造的兵器抽查一次，而后才能送交武库收存。南宋承袭北宋的制度，建立军器监、御前军器所等兵器管理和制造机构。辽代的军器坊、将作监，西夏的工技院、铁工院，金朝的军器监，蒙古的寿武库、军器库，也都是相应的兵器制造和管理机构。

宋辽夏金时期也是钢铁兵器极为繁盛的时代。由于这一时期各个政权交战频繁，其工匠也各自创制了种类繁多的钢铁兵器。这里要特别提到的是北宋仁宗庆历四年（1044 年），由天章阁待制（从四品顾问，无实职）曾公亮和参知政事丁度等人编著刊印的军事百科全书《武经总要》。这部书记载了当

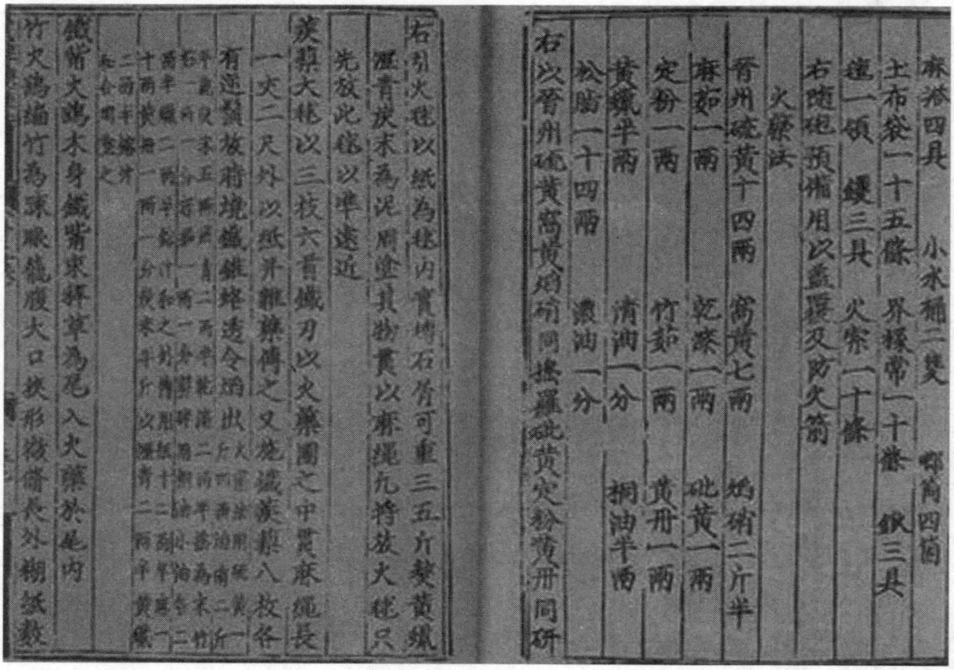
麻搭四具　小水桶二隻　唧筒四箇
土布袋一十五條　界椽帶一十條　鉄三具
連一領　鏁三具　火索一十條
右隨砲預備用以蓋覆及防火箭
火藥法
晉州硫黄十四兩　窩黄七兩　焰硝二斤半
麻茹一兩　乾漆一兩　砒黄一兩
定粉一兩　竹茹一兩　黄丹一兩
黄蠟半兩　清油一分　桐油半兩
松脂一十四兩　濃油一分
右以晉州硫黄窩黄焰硝同擣羅砒黄定粉黄丹同研
右引火毬以紙為毬內實塼石屑可重三五斤熬黄蠟
瀝青炭末為泥周塗其物貫以麻繩凡將放火毬只
先放此毬以準遠近
蒺藜火毬以三枝六首鐵刃以火藥團之中貫麻繩長
一丈二尺外以紙并雜藥傅之又施鐵蒺藜八枚各
有逆鬚放時燒鐵錐烙透令焰出
鐵嘴火鷂木身鐵嘴束稈草為尾入火藥於尾內
竹火鷂編竹為疏眼籠腹大口貌形微修長外糊紙數

《武经总要》书影

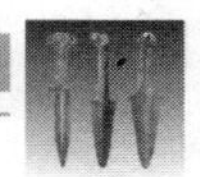

时北宋军队使用的各种兵器。其中有作战用的长柄刀和枪各 7 种，短柄刀和剑各 3 种，专用于攻城、守城和教练的枪 9 种，其他枪 2 种，两用兵器 5 种，斧和叉各 1 种，鞭锤等兵器 12 种，防护装具和甲胄共 9 种，弓 4 种，箭 7 种，弓箭装具 5 种，弩 14 种，炮 17 种，马甲一套。基本上反映了宋代制造和使用各种钢铁兵器的概貌。

蒙古族崛起后，也效仿中原各民族制造各种钢铁兵器。元世祖忽必烈继承蒙古汗位后，建立了元朝，并于至元五年（1268 年）在大都（今北京）设立军器监。至大四年（1311 年）又将其升格为武备寺，制造和管理兵器。此外，大都还设立甲匠提举司、弓匠提举司、大都弓局和箭局等专业兵器制造作坊，在各地设有军器人匠提举司、军器局、军器人匠局、甲局、弓局等作坊，制造刀、斧、剑、床弩和抛石机等兵械。

明代时虽然钢铁兵器因火器的大量发展而开始退居次要地位，但是在兵器品种的增加和质量的提高等方面，仍有相当大的进展。明朝建立之初便设立了庞大而完备的兵器制造系统，由工部、内府、地方各布政司、各地驻军下辖的兵器制造机构等共同组成，采取改善工匠服役条件和生活条件的政策，以促进兵器制造业的发展。其中长柄格斗兵器除长枪和长柄刀外，还创制了镋、钯、马叉和狼筅，短柄卫体兵器有短刀、腰刀和剑，防护装具有各种盾牌和甲胄，射远兵械有弓箭、强弩和各种抛石机，此外还有各种战车。自嘉靖朝以后，钢铁兵器与火器大致各占军队装备兵器的半壁江山，随着战争的发展，有些冷兵

清太祖努尔哈赤像

器已经开始遭到淘汰的命运。

努尔哈赤带领满洲崛起时使用的冷兵器有刀、斧、枪、戟、椎挺、蒙盾、各种弓箭以及其他特种兵器和盔甲等。清军入关前后曾掀起过仿制西洋火炮的高潮。清廷问鼎中原以后，设立了“鞍楼”，管理和制造兵器。顺治十一年（1655 年）又将其改为兵仗局。顺治十八年（1662 年），又改为武备院。武备院下设御制鸟枪处及火药库，分别制造和收藏御用枪炮及火药。到了雍正时期，由于皇帝又重弹大清以弓马骑射取天下的老调，轻视火器的作用，大力铸造刀、矛、弓、矢、盾牌、甲胄等冷兵器。它们虽然比前朝的冷兵器有所改进，但是由于冷兵器是以人力和简单机械力为动力源的兵器，杀伤和摧毁能力的提高受到很大限制，因而在化学能为动力源的火器面前便相形见绌了。

火器应用于战争

火本身很早被就用于战争。但是古代火攻作战中所用的火攻器具，都是利用艾草、油脂、松脂等燃料和引火之物，绑附在飞禽、走兽、伪装的草人和弓箭上，将火源送至敌阵，纵火焚烧敌人的粮草，或者冲击敌军的防线，达到取胜的目的。由于这些火攻器具所附带的引火之物，要依靠空气中的氧气进行燃烧，既受天气环境的影响，又会在运行中耗散火源或被风吹灭，所以燃烧效率较低。

中国是火药的故乡，中国唐代的炼丹家们在公元 9 世纪初发明了火药，中国的军队也是最早使用火药武器的军队。在北宋初期，火药开始被我国的兵器研制者与统兵将领制成火器，用于战争，开创了人类战争史上火器与冷兵器并用的时期。这个时期历经元、明到 19 世纪中叶，延续达 9 个世纪，其间共经历了五个发展阶段。

两宋时期是初级火器的创制阶段，这也是我国火器的第一个发展阶段。

初级火器是兵器研制者与统兵将领因袭古代的火攻技术和战术而创制的，虽然已经在北宋初期用于作战，但是由于它们尚处在初级阶段，不仅数量品

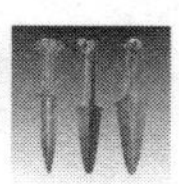

种少，而且杀伤和摧毁威力也有限，因此只不过是古代火攻技术和战术的发展。所以当时兵器制造的重点仍然是钢铁兵器。

北宋初期的几代皇帝都很重视火器制造。据《宋会要辑稿·职官三十七》记载，至迟在宋仁宗天圣元年（1023 年），东京开封已设立了专门制造攻城器械的广备攻城作。其下设有猛火油作、火药作、金火作等 21 作。各作都有严格的操作规程。其中火药作的设立表明北宋的火药配制，已经从个体手工业的分散操作，发展为大型作坊作业，进行批量生产的阶段，使火药兵器的生产出现了一次飞跃。为了促进火器制造的发展，朝廷实行了奖励政策，奖励火器研制者的创造发明。据《宋史·兵十一》等史书的记载，仅自北宋开宝三年至咸平五年（970—1002 年），先后有兵部令使冯继升、神卫水军队长唐福、冀州团练使石普等人，向朝廷进献了火球、火药箭、火蒺藜等火器。每次进献时，朝廷都要组织文武官员观看试验。试验成功后，都要给研制者以重赏，并下令兵器作坊大量制造，发给京城、要邑和边关要地使用。

南宋时期，宋、金和蒙古之间战争频繁，各方都力求研制新型火器，改善自己的装备，战胜对手，因而促进了火器的发展。这一时期出现了竹筒火器。陈规的《守城录》里面讲到，竹筒里边放上火药能够往外喷火，能烧伤敌人。还有就是把长矛下边安上一个药筒，也可以喷火，当时也叫火枪。这是最早出现的管形火器。

火铳

元明两代是火器发展的第二个重要阶段。这一时期，我国第一代金属管形射击火器——火铳被创制出来并获得一定发展。火铳是元代火器研制者依照南宋时期的火枪尤其是突火枪的样式和原理制成的，创制后不久，便成为元军和元末农民起义军竞相使用的火器，其中尤以朱元璋的部队使用最多。

元至正十五年（1355 年），朱元璋驻军和州（今安徽和县），准备渡江。传说此时有一位火器研制者名焦玉，带着他研制的几十支火龙枪，献给朱元璋。朱元璋喜出望外，当即命大将徐达组织射击试验。只见弹丸出膛，如火龙经空，能穿透金属铠甲。朱元璋大为赞赏，答应在功成之后给予厚封。元至正二十三年（1363 年）八月，朱元璋率部在鄱阳湖同陈友谅率领的另一支农民起义军决战。结果朱元璋所部用安于战船上的碗口铳，发射大型弹丸，击碎陈友谅水军的战船，取得了胜利。明王朝建立后，由工部的铸钱机构宝源局和兵器制造机构军器局、内府的兵仗局，专门制造手铳和碗口铳等各种火器。朱元璋的第四个儿子燕王朱棣夺取帝位后，为了进行战争和加强国防建设的需要，大力制造火铳，增加了数量和品种，改进了结构，使火铳得到了充分的发展，且一直到嘉靖时期，都是明军的主要装备。

明嘉靖至万历年间是火器发展的第三阶段。这一阶段的主要特点是火绳枪炮开始出现在战场上，它们与传统火器一起获得了全面发展。

我国发明的火药与创制的火器在 14 世纪前期经阿拉伯传入欧洲后，经过欧洲人改进，在 15 世纪后期制成了用火绳点火发射的枪炮，15 世纪末至 16 世纪初，葡萄牙人携带这类枪炮来到印度、日本和中国沿海的一些地方。

可以说，火药传到西方以后，由于社会制度的变化，特别是和资本主义生产方式结合在一起，有了极大的发展。所以当时荷兰、西班牙这些商船到了中国，带来了当时西方先进的枪炮，明军才看到自己的落后，所以才开始注意到这个问题，从而出现了我国第一次引进西方的枪炮的制作技术。

明嘉靖元年（1522 年），明军在广东新会的西草湾，对藐视中国主权和借口寻衅的葡萄牙舰船进行反击，缴获了三艘舰船及其舰炮。由于当时明廷官员称葡萄牙为佛郎机国，所以就把这种舰炮称作佛郎机。佛郎机是用子炮

（相当于现在的炮弹），装入母炮（即炮管）内点火发射的一种火炮，它的母炮比火铳的身管长，安有准星和照门等瞄准装具，配有五至九个子炮，装填弹药方便，射速快，射程远，命中精度高，杀伤威力大，很快被明廷军工部门所仿制，用于水陆作战中。

知识链接

西草湾之战

明嘉靖二年（1523 年），隶属于葡萄牙驻印度总督的葡萄牙人麦罗·哥丁霍（Mello Coutinho）率领援助屯门的武装船队寇犯广东新会的西草湾。这支船队有很强的战斗力，在寇犯中国前已经“恃其巨铳利兵，劫掠满剌加诸国，横行海外，至率其属疏世利等千余人，驾舟五艘，破巴西国”。在他到达满剌加的时候，获悉屯门船队与中国关系恶化，但仍打算冒险前行。哥丁霍于入港投锚后，急上岸求见广东地方长官，请求许其和平贸易。但由于此前广东当局在经历了屯门之战后，已经下令不准中国人与葡萄牙人接触，反而发布命令，要中国战船一旦遇上悬挂葡萄牙旗帜的船只，就将其击毁。因此广东地方长官置之不理。哥丁霍船队不得已由屯门港退出，然已遭中国舰队追击。这是由于明朝水师求战的坚定与急切，同时哥丁霍在是否开战上犹豫不决，在开战一开始，明军就占了上风，经过反复较量，葡萄牙人战败。

火绳枪是明军在嘉靖二十七年（1548 年）于东南沿海剿倭作战中缴获的单兵枪，明军因其弯形的枪托形似鸟嘴而称为鸟铳，又称鸟嘴铳或鸟枪。由于鸟铳比手铳性能优越，所以明廷军工部门不久也大量制造，装备明军使用。

西安城墙上的古代兵器

与明军使用的手铳与碗口铳相比，火绳枪炮的最大优点在于点火发射方式的改变。火铳是由士兵持点火之物，点燃火捻，进行发射，射速很慢。火绳枪是用扳机夹减慢火绳燃烧的，点燃药室中的火药，将弹丸射出，可以连扳连射而不致熄灭，因而提高了管形射击火器的发射速度。与此同时，明廷的军器局和兵仗局，改制了明代前期的手铳、碗口铳、盏口铳、将军炮等铳炮类火器，创制了快枪、多发铳、虎蹲炮，发展了利用火药燃气反冲力推进的火箭类火器，提高了火球类、喷筒类、火禽火兽类等各种燃烧性火器的燃烧效能，在革新爆炸性火球的基础上，发明了各种爆炸弹、地雷和水雷。从而出现了我国兵器发展史上，外来火器与传统火器相促相长、并驾发展的新时期。

第四阶段是明朝末年。这一时期我国出现了一批火器研制专家，开始了对西洋大炮的引进、仿制和使用。

16 世纪末至 17 世纪初，聚居于我国东北的建州女真族迅速崛起，其杰出

红衣大炮

首领努尔哈赤，以军事进攻与政治瓦解相并举的策略，迅速统一了女真各部，并于明万历四十四年（1616 年）建立后金政权，建元天命，自称金国汗，以赫图阿拉为都城，屯田积粮，积极备战，伺机攻明。明万历四十六年（1618 年），努尔哈赤以明廷杀其父、祖和援助其对手叶赫部等“七大恨”为借口，兴师攻明，于次年三、四月间，以其所率部众六万余人，在萨尔浒（今辽宁抚顺东）大败辽东经略杨镐所率领的 11 万明军。之后，后金军以凌厉的攻势，突破关外明军的防线，至天启元年（1621 年），后金军已占领明朝关外 70 余城，兵锋直逼山海关。在努尔哈赤步步进逼，关外形势日益严峻的形势下，明朝廷中许多高级文武官员，都力排阉党阻挠，纷纷献计献策，为抵御后金军的进攻而尽职尽力。其中以徐光启、李之藻、孙元化、张焘、焦勖为代表的科学家与火器研制专家，为引进、研制与使用西洋大炮（明朝称红夷炮，清朝改称红衣炮），做出了重要贡献，成为明朝末期火器技术发生转折性变革的军事技术家群体。

这几位著名的火器研制家，除焦勖的活动年代稍晚和生平事迹不详外，徐光启、李之藻、孙元化和张焘，都直接和西洋大炮的引进、仿制和使用有

关。他们向澳门葡萄牙当局购买的30门西洋大炮，实际上是一年前搁浅于澳门附近英国舰船上装备的30门舰炮，系英国在15世纪后期制造的一种加农炮，具有身管长、威力大、射程远等优越性。《明史》的作者张廷玉在《和兰（荷兰）传》中，把它误记为荷兰人所造。由于当时称荷兰人为“红夷”，所以称它为“红夷炮”。近些年来，一些学者经过对传世实物和文献的考证，认为它是从英国而不是从荷兰传来的，他们的论据比较充分可靠。明天启六年（1626年）正月，明宁前兵备道袁崇焕，在宁远城指挥明军使用这种火炮，打退了后金军的进攻，取得了宁远保卫战的胜利，创造了运用大型火炮进行守城战的战术。至今人们仍称道袁崇焕的战绩及其指挥的“宁远大捷”。武艺超群、足智多谋的努尔哈赤自起兵以来，从来没有吃过这么大的亏，自宁远一战被袁崇焕打败后，一直愤愤不平，咽不下这口气，结果在当年就抑郁气愤而死。

“宁远大捷”以后，明廷更加倚重红夷炮，派徐光启等人组织工匠进行制造。崇祯三年（1630年）二月至八月，共制造了400多门。崇祯五年后，明廷聘请德意志传教士汤若望主持造炮事宜，又造炮500多门。除朝廷组织工匠制造西洋火炮外，当时一些地方的军政要员，如两广大吏王尊德、总督卢象升、总督高起潜、总督洪承畴等人，还私人捐资制造了一部分西洋大炮，作为抗击后金军进攻之用。

第五个阶段始于后金时期，一直延续到清康熙年间。主要内容是满族统治阶级对火绳枪炮的仿制和使用。

“宁远大捷”以后，不但明廷继续制造红夷炮，而且后金继努尔哈赤之后的皇太极，也想借助红衣炮提高后金军的战斗力，于是在后金天聪五年（明崇祯四年，1631年）制成第一门红衣炮，定名为“天佑助威大将军”。从此，长于骑射，善于在野战中驰突取胜的后金军如虎添翼。他们以红衣炮为攻城略地的利器，向明军展开大规模的进攻，很快夺取了明廷在山海关外的全部领地。

崇祯十七年（1644年），清军入关，建立了我国历史上第二个由少数民族入主中原的统一政权——清朝。清朝建立以后即增设八旗炮厂、濯灵厂，

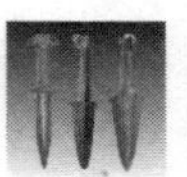

制造红衣炮与火药，使红衣炮成为清军装备的系列炮种。清军入关之初，南明政权、南方各地人民、民族英雄郑成功所部，也都制造和使用红衣炮，抗击清军的进攻。清顺治二年（1645 年）四月十五日至二十五日，史可法在扬州以大型火炮进行守城战，击杀攻城清军数千人。闰六月，江阴典史阎应元，以上千支鸟铳、上百门火炮，在江阴与清军相持 80 多天。郑成功在顺治三年兴师反清后，曾使用大量火炮突入长江口，先后克瓜州、下镇江、逼南京，转战江南和江北 29 城，清军屡受其挫。顺治十八年（1661 年）初，郑成功在率领部下渡海进攻台湾岛上的荷兰人时，曾使用 200 多门火炮，进行渡海作战，并于当年三月，将荷兰殖民者逐出台湾，收复了我国的领土台湾岛，创造了从海上进攻岛屿的用炮战术。

清康熙年间，清廷曾任用在华供职的比利时人南怀仁（1623—1688 年），督造红衣炮等各种火炮，为平定三藩和收复被沙俄侵占的雅克萨城创造了条件。康熙十三年（1674 年），清廷着手组建火器营，使清军在全国范围内，形成了以火器营炮兵、京师八旗炮兵、各省驻防的八旗炮兵及绿营炮兵组成的炮兵力量，具有较强的威慑作用。康熙三十五年（1696 年），康熙帝亲率大军，携火炮 100 多门，前往新疆平定噶尔丹部的叛乱。在昭莫多之战中，清军使用冲天炮轰毁敌营，取得了平叛战争的胜利。总计康熙一朝，共制造大小铜炮 900 多门，濯灵厂每年产火药 50 万斤。

康熙年间，清朝曾出现过一位著名的火器研制家戴梓。戴梓字开文，钱塘（今浙江杭州）人。戴梓生于清顺治六年（1649 年），善诗画，晓天文，通算法，熟谙火器制造。清康熙十二年（1673 年），三藩叛乱，次年六月，康熙命康亲王杰书率军南征，途经杭州时，25 岁的戴梓从军，并向康亲王进献了连珠火铳。之后，戴梓在作战中因功受奖，回师北京后，受到了康熙皇帝的召见和殿试，又授予翰林院侍讲。

据清朝乾隆、嘉庆时期的著名学者纪昀的《阅微草堂笔记》中记载，戴梓所研制的连珠火铳“形若琵琶，凡火药铅丸，皆贮于铳脊。以机轮开闭。其机有二，相衔如牡牝。扳一机则火药铅丸自落筒中，第二机随之并动，石激火出，而铳发矣，计二十八发。火药铅丸乃尽，始需重贮”。从这一描述中可知，扳动第一机是装填弹药，第二机随动是发射弹丸；依次再扳再射，可连续28次，发射28弹，可见这是一种连扳连射的隧发枪。这种枪的最大优越性在于简化了装填手续，每装填一次，可连续射击28发弹丸，提高了发射速度。因此，这是由单装、单发向多装、单发、连射过渡的一种新式单兵枪。可惜，这种枪在当时并未得到重视，也没有推广使用，不久便失传了。

知识链接

我国古代兵器的产生

兵器，秦汉前称为兵、械、器、兵甲、兵仗、兵革等。它的起源，可上溯到原始社会时期。那时，用于劳动的工具和自卫防身的武器，是分不开的。大量考古发掘资料证实：在旧石器时代早期，人类就已经学会制作简单粗糙的石质工具。这当中，能从远处掷击猛兽的石球，用石器修制的木棒，将棒头削尖而成的标枪等，就是原始人主要的狩猎工具。旧石器晚期，人类制造工具的技能进一步提高，在木棒一端缚上加工过的不同形状的石块，就成为石斧、石矛、标枪等复合工具。同时，创制了飞石索，发明了原始弓箭。这些既是狩猎工具，又兼做武器。到了新石器时代，随着磨制技术和钻孔技术的进步，石器制作规模的扩大，石制工具不仅种类增多，制工精细，而且用途趋向专一。新石器中期后，出现了劳动工具用于械斗杀人之事，表明从此时起，具有战斗性能的狩猎、捕鱼、农业工具开始从一般的工具中分化出来，逐渐转变成兵器。

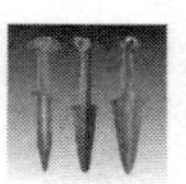

戴梓还仿制过一种欧式“蟠肠鸟枪”。据说当时的欧洲传教士曾经向康熙进贡一支“蟠肠鸟枪”，以示其武器的精良。康熙即命戴梓仿制，戴梓很快仿制成功，并以10支仿制品返赠传教士。戴梓还为研制冲天炮作出了贡献。据说康熙曾命南怀仁制造冲天炮，但时过一年，却进展缓慢。戴梓只用了八天时间便创制成功。康熙非常高兴，亲自率领王公大臣，前往靶场观看射炮演习，果然性能良好，威力较大。演试后，康熙封此炮为“威远将军”炮，命工匠在炮身上镌刻戴梓之名，“以示其不朽”。此炮在康熙三十五年（1691年）平定噶尔丹之战中，发挥了重要作用。乾隆时期的国子监博士金兆燕，对“威远将军”炮作了十分生动的描述。他说这种炮“子在母腹中，母送子出，从天而下，片片碎裂，锐不可当”。

清朝前期还有些火器研制者曾有过创造发明，如江苏吴县的薄玉，对地雷与火炮都有研究。康熙时期，武备院有一位名叫连登伍的铁匠，曾创制过子母炮式的爆炸弹，杀伤威力甚大，康熙也曾赐名此弹为“五子夺莲”，并给连登伍以奖励。但因后来战事减少，国内局势日趋平定，对枪炮的需要日渐减少，制造数量也随之削减，几乎有刀枪入库之势。加上历届朝廷实行闭关自守的政策，限制国内的火器研制，隔绝外国先进火器研制成果的传入，致使中国火器发展受到挫折，走向低谷，直到鸦片战争爆发时，清军依旧使用陈旧的火绳枪炮抵御西方侵略者，结果战败，这一沉痛的历史教训，是值得我们吸取的。

如前所述，可知中国古代兵器的发展成就，是同中国古代科学技术的发展分不开的。中国古代先进的技术成就，如冶铸青铜合金的技术、炼钢技术以及火药的发明等，都是首先或大量地应用于军事方面，促使中国古代兵器不断创新，走在了世界各国的前列。但当西方国家经过工业化革命以后，在现代自然科学基础上迅速发展起来的各种新技术，把中国古代发明的火器发展成为西方资产阶级革命的有力武器的时候，中国却由于当时社会发展的缓慢导致了科学技术发展的缓慢，使中国的兵器发展水平反而远远地落后于西方国家。

第二节 中国古代兵器的分类方法

这一节所说的兵器分类，主要是针对冷兵器的。所谓冷兵器，是火器出现之前所有古代兵器的总称。

五兵

我国在公元前就已经普遍使用冷兵器。最初把兵器统称为“五兵”，如果把防护器具算在内，就统称为“五兵五盾”。“五兵”指五种武器，即戈、殳、戟、酋矛（短矛）和夷矛（长矛）。也有人认为是戈、殳、戟、酋矛、弓矢；而汉代郑玄则把矛、戟、钺（大斧）、楯（即盾）、弓合称为“五兵”。其中的弓矢类，一般分为“六弓、四弩、八矢”。

十八般兵器

在我国古典小说和传统评话中，常说武艺高强的人是“十八般兵器样样精通”。这是我国的传统说法，可以看作民间对冷兵器最为通行也最为普及的分类方式。“十八般兵器”是怎么来的？指的又是哪“十八般”兵器？

“十八般兵器”之称是从“十八般武艺”一词演化而来。“十八般武艺”

各式各样的“十八般兵器”

这个称谓始见于南宋华岳编的兵书《翠微北征录》，华岳曾中过武状元。此书编成于南宋嘉定元年（1208 年），他在书中自称“臣闻”，可见“十八般武艺”的说法实际上还要早。可惜宋代的兵书多毁于兵燹，今传者寥寥无几，因此“十八般武艺”的原始出处和内涵今天已无从查考。

“十八般武艺”的说法，在宋元时代颇为流行。如元代杂剧《逞风流王焕百花亭》就有“若论诸十八般武艺，弓弩枪牌、戈矛剑戟、鞭链镗锤”的记载；而《敬德不服老》中也说“他十八般武艺都学就，《六韬》书看的来滑熟”。

明代万历年间的谢肇浙《五杂俎》中对“十八般武艺”的具体内容作了记述：“一弓、二弩、三枪、四刀、五剑、六矛、七盾、八斧、九钺、十戟、十一鞭、十二锏、十三挝、十四殳、十五叉、十六把、十七绵绳套索、十八白打。”前十七种都是兵器的名称，第十八般名目“白打”，就是“徒手拳术”。

可见，这里的“武艺”，就是指运用“武器”（我们可以把身体也看作“武器”的一种）施展出来的“技艺”，而并非兵器本身。

“十八般武艺”是在何时演变为“十八般兵器”，也无从稽考了。而且究竟是哪十八种，不同的时代、不同的地域、不同的人流传下来的说法也很不一致。汇总起来，大概要有十多种不同的说法。但现在可以知道，“十八般兵器”的说法在明代已经十分流行了，因为《水浒传》中已经这样写了。《水浒传》写到的十八种兵器分别是：矛、锤、弓、弩、铳（火器）、鞭、锏、剑、链（多节棍）、挝、斧、钺、戈、戟、牌（盾）、棒、枪、叉。

有的人则附会说“十八般兵器”都是战国时代军事家孙膑、吴起所创。还有人附会说，汉武帝元封四年（公元前107年），经过严格的挑选和整理，筛选出18种类型的兵器，分别是：矛、镗、刀、戈、槊、鞭、锏、剑、锤、挝、戟、弓、钺、斧、牌、棍、枪、叉。到了三国时代，著名的兵器鉴别家吕虔，又根据兵器的特点，对汉武帝钦定的“十八般兵器”重新排列为九长九短。九长：刀、矛、戟、槊、镗、钺、棍、枪、叉；九短：斧、戈、牌、箭、鞭、剑、锏、锤、挝。

另有人说九长九短应当是：九长是枪、戟、棍、钺、叉、镗、钩、槊、环；九短是刀、剑、拐、斧、鞭、锏、锤、杵、椎。

还有人认为是：弓、弩、枪、棍、刀、剑、矛、盾、斧、钺、戟、殳、鞭、锏、锤、叉、钯、戈。这其中像殳、戈和钺，都是极其古老的兵器，或者已经淘汰，或者已经发生了很大的演变。

武术界对“十八般兵器”较为普遍的解说同评书中所讲的基本一致，分别是：刀、枪、剑、戟、斧、钺、钩、叉、镗、棍、槊、棒、鞭、锏、锤、挝、拐子、流星。都是近战和单兵格斗使用的，像弓、弩等仅在战场上使用的兵器就不包括其中了。

从以上各说看，十八般兵器大同小异，但形式和内容却十分丰富。仅仅综合以上各种不同的说法，去其重复以后，我们可以得到的兵器种类已经接近30“般”。实际上，中国武术和野战中曾经使用过的冷兵器远不止18“般”、30“般”这么简单。而且每一“般”下，都各有许多形制、功能不同的兵器，如“刀”一门，数得上名字的就有九环刀、雁翎刀、春秋刀、三尖两刃刀、斩马刀、砍山刀、大刀等，名目繁多。

此外，有些兵器原本并不是在实际作战当中广泛使用的，有的甚至原来就是农具，如“耙”是农家用来锄地、挑草的器具（《西游记》中的猪八戒，

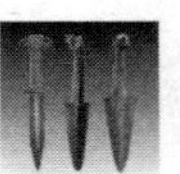

以“九齿钉耙”为武器，非常有名，正因他在高老庄当女婿时，是庄稼汉的身份)，中国历代的战争，很多都和农民有关，因此兵器往往从农具中脱胎换骨而成，也不是什么稀奇的事情。

如果加上各种奇门兵器和形形色色的暗器，中国古代冷兵器的总数恐不下数百种。

因此，我们不妨将“十八”看成是一个约略的数字，不必执着在数目上计较。这样，我们可以把“十八般兵器”看作是中国古代冷兵器的总称。

任何事物的分类都可以是多角度、多结果的。这取决于我们采用什么分类标准。在本书的前一节，我们首先区分了冷兵器和火器，这实际上是以兵器的性能（或者也可以说是以兵器所采用的能源）作为分类标准所划分出来的类别。据此，本书在大的结构上分为两章：第一章介绍冷兵器，第二章介绍古代曾经出现的各种火器。

冷兵器的分类方式

由于冷兵器种类繁多，分类的方法自然更是多种多样。

按照使用人数，可以分为单兵作战兵器和多人操纵的野战、城池攻防兵器。前者又可以从多个角度进行划分。本书第一章的前五节介绍的都是单兵作战兵器，最后一节介绍野战和城池攻防兵器。

按照使用方法，单兵兵器还有明、暗的区别，后者就是传统小说、评书和武侠小说中所谓的“暗器”。

而从构造上分，兵器还有“软”、“硬”之别。所谓“软兵器”包括绳套，以及用绳索系住尾端抛出使用的各种兵器，如流星锤等；还包括用环连接的多节兵器，如双节棍、九节鞭等。由于软兵器和暗器有许多相通之处，所以我们把这两种兵器合为一节加以介绍。另外，还要介绍一些较为罕见的所谓“奇门兵器”。这些兵器往往只在武术界使用，并不用于战争。

而常见的单兵兵器，依据其用途，又有攻击性兵器和防护性兵器的区别。

对于攻击性兵器而言，依据其构造和使用方法，还可以分为长兵器、短兵器和远射兵器三类。长短兵器的区别，一般是看是否超过成年男子的眉。但是由于每个人的身高并不一样，因此这一标准较为模糊。我们把短兵器、长兵器、远射兵器和防护装具分别设立为一节。

当然，兵器还有其他的分类方式。

比如按照实际杀伤作用部位的形状来分，可以分为带钩的、带刺的、带尖的、带刃的；按照杀伤方式可以分为击打的、刺杀的、劈砍的、钩扯的；按材质可分为石、骨、蚌、竹、木、皮革、青铜、钢铁；按照是否配套可以分为单兵器和双兵器；按照适用环境还可以分为步战兵器、车战兵器、骑战兵器、水战兵器，等等。我们会在下面分组介绍时，交错采用这些更加细微的分类方式。

第一章

冷兵器

中国古代兵器的发展跨越了原始社会、奴隶社会、封建社会，长达数十万年。我国古代兵器的发展可分为石兵器、青铜兵器、铁兵器及古代火器四个历史阶段。从大的范围划分，前三个阶段属于冷兵器阶段，此后进入冷兵器与火器并用阶段，直到鸦片战争以后，西方近代火器的传入，我国才逐渐结束了使用冷兵器的历史。

第一节 短兵器

所谓短兵器，一般是指长度不超过正常身高成年男子的眉际，分量较轻，使用时常单手握持（也可能双手各持一件成对使用）的兵器。

最常见的短兵器是刀和剑。

刀

刀是用于劈砍的单面侧刃格斗兵器，由刀身和刀柄构成。刀身较长，薄刃厚脊。刀柄有短柄和长柄之分。

中国刀的起源很早。石器时代的石刀和青铜时代早期的青铜小刀，可以看作是刀的雏形。商朝的青铜刀，是现知最早的可作为兵器使用的刀，但发现的数量较少，长度也很短。西周时期也有一些可装长柄的异形青铜刀，但发现数量更少，虽然可供作战使用，但看起来都不像是当时能够批量装备部队的主要格斗兵器。

也许正因短刀重量较沉，灵活性较差。因此到了西周时期，中原也开始接受北方游牧民族影响，以剑为主。以至于从东周到西汉初，刀一度被废弃了。

刀的真正大量生产与使用，已经是时隔八九百年的西汉了。这一点与钢

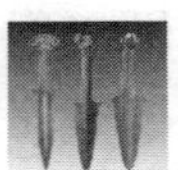

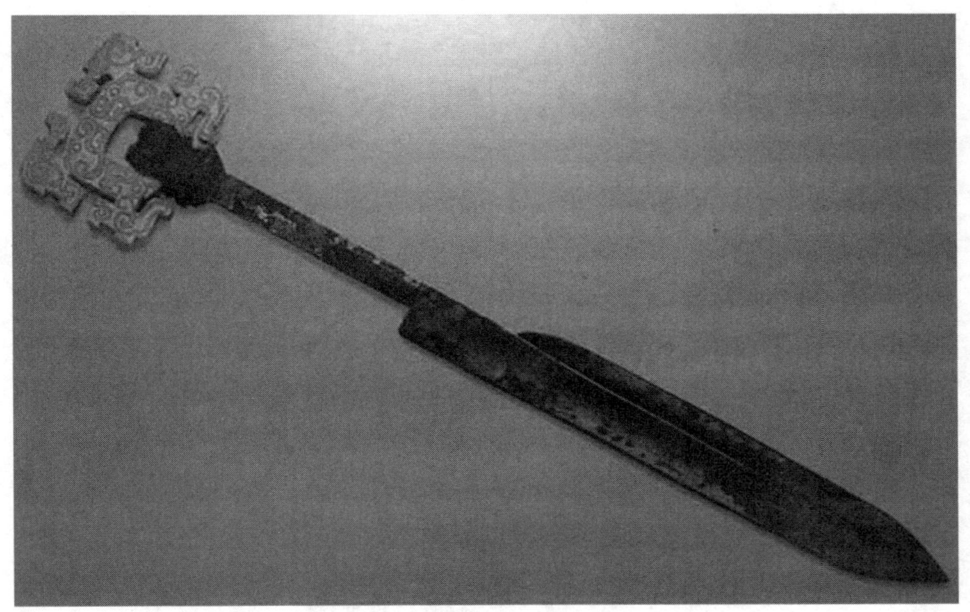

湖北随州曾侯乙墓出土的削刀

铁冶炼技术的进步密切相关。因为钢铁提供了兵器更为坚韧的骨骼，同时又大大减轻了刀身的重量。因此自汉朝以来，钢铁制造的刀，一直是古代军队装备的主要格斗兵器之一。

西汉时期开始出现了新型的钢铁制造的刀。这种刀造型粗犷简朴，刀身长达1米，直体，身窄，薄刃，厚脊，厚实的刀背能够承受住猛烈挥砍的应力。刀身下装有短柄，柄首加有扁圆状的环，故称为“环首刀”。在河北省满城县西汉刘胜墓中出土的环首刀，套有髹漆木鞘，环首用金片包缠，颇为华美。

环首刀在西汉时期发展较快，生产的数量很大。例如在河南省洛阳市西郊的一批西汉墓中，就有23座墓中出土了环首刀，长度为85～114厘米。百炼钢和灌钢技术用于造刀后，适于劈砍的短柄钢刀成为步兵和骑兵的主要格斗兵器。在山东省苍山县发现过东汉永初六年（112年）造的“卅湅”钢刀，全长111.5厘米，刃部经过淬火，质量优良。

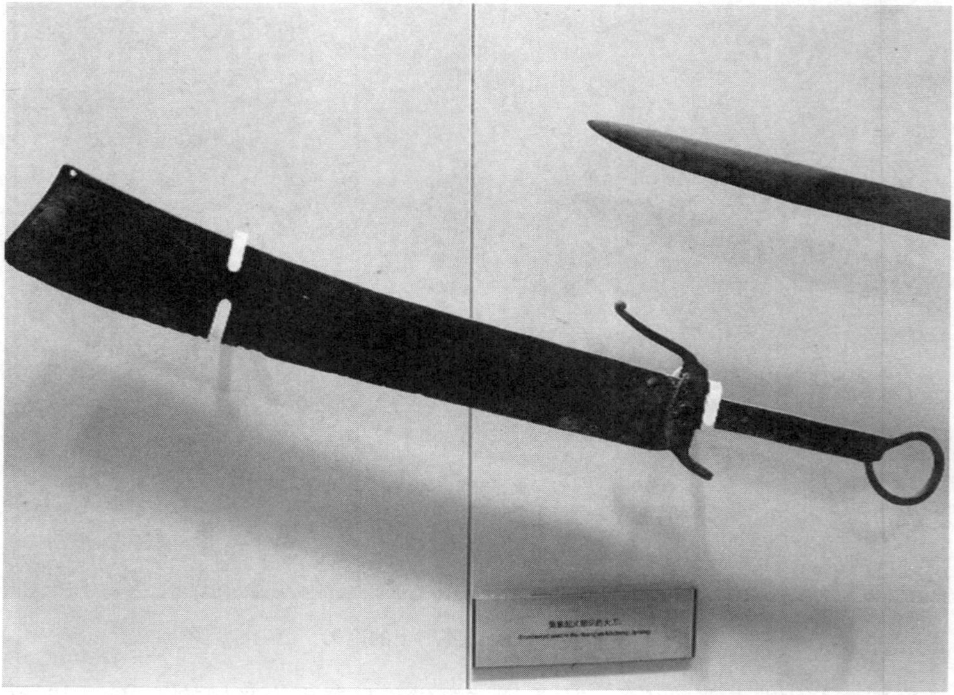

刀

环首刀在东汉末年彻底取代长剑，并一直沿用到魏晋以后。直到东晋晚期，它的形制开始有了分化。一种依然延续了直窄样式，另一种则转变为近代常见的宽体样式。比如江苏省镇江市东晋墓出土的铁刀，刀体加宽，刀头由斜方形改成前锐后斜的形状，其中有一把刀的柄部做成圆銎形，看来可以加装长柄。不过这种刀在当时还是少见的，而且在几百年的时间里仍未能取代环首刀的地位。

这一时期对环首刀的改进就是增加护手，并取消了刀柄端的圆环，这个转变自魏晋始至唐成熟。改进后的刀分为三种，其中隋唐时期军队实战使用的主要是横刀和陌刀。横刀亦称佩刀，短柄。据宋欧阳修、宋祁等撰，成书于1060年的《新唐书·兵志》记载，它是每个士兵必备的兵器。另有长柄的陌刀，参见下文对长兵器的介绍。

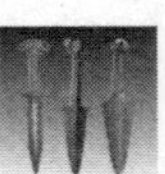

另外还有一种仪刀，主要用于礼仪场合。仪刀仍然保留了环首刀的形制。它不仅是威仪的大唐的体现，同样也深远地影响了高丽、日本、吐蕃的刀。从现在考古资料来看，高丽出土环首刀的刀环都是以龙和凤作为主要的艺术表现，大量地镶嵌金银，这些环首刀都是仪刀的传承；而吐蕃刀也保留了唐仪刀的造型特点。日本太刀同样受到唐刀的影响，并于明代重返故里。

唐刀的制作技法继承了中国刀的优良传统，吸取了百炼钢和局部淬火技术，再加上覆土烧刃和包钢夹钢的技术，形成了新式的中国战刀锻造技术。

所谓“覆土烧刃”是一种局部淬火的技术。基本方法是以调配的泥土覆盖刀身不需要高硬度的位置，然后将刀剑加热至特定温度。当红热的刀身进入水中后，赤裸的部分迅速冷却，而有泥土覆盖部位的温度变化不会非常明显，导致硬度与赤裸部位不同。这样可以精确控制刀条不同部位淬火时的不同冷却速度。现代物理学证明，钢铁的冷却速度与硬度成正比，与韧度成反比。这一点早已为中国制刀工匠所掌握。

百炼钢是打制兵器时反复折叠锻打的一种传统制法，钢块需要打打烧烧、烧烧打打多至上百次。由于百炼钢碳分比较多，组织更加细密、成分更加均

现代工艺复原的唐刀

匀，所以钢的质量有很大提高。

包钢是在对钢材有深刻研究与认识之后所发明出来的制刀技术，主要方法是在V字形坚硬的高碳钢中夹入较软的低碳钢。反之，夹钢就是在两层低碳钢中间夹上一块高碳钢。这两种技术都体现了“好钢用在刀刃上”这一制作上等刀剑的基本思想，亦使得钢刀同时拥有了极佳的韧性与钢性。

在材料方面，唐代工匠也花了很大的工夫。当时世界上最好的钢材——印度乌兹钢，即人们所熟知的大马士革钢（当时被称为镔铁），被中国刀匠所青睐，被作为制钢刀的必备原料，其所生产出来高级钢刀的平均价格超过普通上等钢刀的三倍。

到北宋时期，短柄的刀称“手刀”，据《武经总要》所载的图形，刀体较宽，刀头微上翘，前锐后斜，刀柄有护手，去掉了柄端的大环，环首刀终于彻底退出了历史舞台。宋刀拥有坚重的刀身，能承受更大应力，可以斩甲断骨；弧曲形的刀刃又具备了能够开膛破腹的流畅弧线。在这一点上，宋刀既有欧洲刀的硬度，又具备阿拉伯刀的锋利，把二者的优点合二为一，终于成为中国刀的定型之作。

元、明时期，火铳、鸟铳等火器相继出现后，开始逐步改变了军队的装备，但直到明朝晚期，腰刀仍然是步兵和骑兵必备的兵器。如戚继光在《练兵实纪》中，指明骑兵、步兵用的兵器中就有腰刀，并很注意腰刀制作的质量。他的军队中也装备有长柄的夹刀和长刀。

与此同时，随着倭寇袭扰我国东南沿海地区，日本太刀进入了中国人的视野。这种刀由高碳钢精锻而成，刀身微呈弧形，使用起来灵活锋锐，异常迅猛。在与太刀的对抗中，中国刀往往处于下风。其实并不是中国刀的锻造技术不够科学，而是由于明朝的腐败已经深入骨髓，一线部队使用的兵器大多是粗制滥造。即便如此，明朝军方仍然相当诚恳地学习了太刀的锻造技术并将之装备部队。于是明朝后期明军的短刀成了一水日式，从1米长的单手刀，到2米长的双手刀，连骑兵也未能脱离此列。

这种情况，一直沿袭到清朝后期。

在民间武术界，刀也是主要器械之一。武术中刀的套路有单刀和双刀两种，均以劈砍为主。单刀要求勇猛迅疾，多有缠头撩花动作。双刀更富于观赏性，好手舞起，犹如团雪滚滚，不见人影。

清乾隆初年，安徽宿州人张兴德以双刀著称，人称“双刀张”。当时山中多狼，为害行旅，张兴德携刀而往，三日之内连杀九狼，传为佳话。

知识链接

长 刀

长刀是我国古代一种安有长柄的砍杀兵器。它的发展历史，可追溯到原始石器时代。在石器时代后期就出现了多孔石刀。多孔石刀长约 30 厘米，厚却不超过 1.1 厘米。石刀的一个长边开有刃，另一边是非常平直的刀背。在靠近刀背的地方开有一排共 7 个整齐的圆孔，用于穿绳绑扎。安徽潜山出土的一件 7 孔石刀上，7 个孔在一条直线上，而江苏南京出土的 7 孔石刀上，7 个孔排列略呈一弧形。7 孔石刀安装有长木柄，在长柄的一端竖直开一个和刀背截面差不多的深槽，将刀背插入，露出 7 孔，然后用麻绳、皮条等穿孔绑扎系固。安徽潜山出土的 13 孔石刀，也十分罕见。长 111.5 厘米，刀身宽 3 厘米，刀厚 1 厘米。

这种长刀是由汉代的佩刀发展而来的。长刀由于直背直刃，柄长刀锋，砍杀有力，很适合用于各种战斗场合，因而历来为兵家武将所推崇。

在汉代，冶铁技术已有相当的发展，制刀技艺日渐精湛。那时曾先后炼制出 30 炼、50 炼乃至 109 炼的钢刀。所谓“炼”即指将刀环反复折叠锻打的次数，反复次数越多，钢刀的坚韧性越好。这或许就是“百炼成钢”一词的由来。

唐代长刀又叫“陌刀”。这种刀两面有刃，通长1丈，重15斤，是骑兵、步兵的主要兵器，并有专门的陌刀将统领专门组织的陌刀队作战。据说大将李嗣业善使陌刀，他与田珍同被任命为左右陌刀将，每战必为先锋，所向披靡。

明清虽处在火器时代，但长刀仍是近战的有利武器。随着战争形式的演进，长刀形制日趋实用、单一。

剑

剑是一种既可用于刺又可用于劈的直身尖锋两刃兵器。由剑身和剑柄构成。剑身修长，两侧出刃，顶端收聚成锋，后安短柄，便于手握，并常配有剑鞘。由于在格斗中其功能以推刺为主，故又称为“直兵”。

剑有三个要素，一是长度，二是灵活性，三是结构强度。长度利于先发制人和扩大防护，灵活性利于攻守应变，结构强度则决定剑的弯折。

中国制剑的史料记载始于商代，初为铜制，一般呈柳叶或锐三角形。史学界一般认为剑并不是中原地区原创的兵器，而是从北方草原游牧民族那里传入的。我国迄今所知最早的青铜剑是在内蒙古自治区伊金霍洛旗朱开沟遗址出土的“鄂尔多斯直柄匕首式青铜短剑”，约为公元前15世纪的早商时期的。此剑全长25.4厘米，剑身近似柳叶形，厚脊，双面刃，直柄，中间有两道凹槽，柄首略呈环状，柄与剑身衔接处的两侧有凸齿，剑身向下斜凸成锋，柄部缠绕有麻绳。

中原地区发现的最早的剑是西周时期的青铜剑。在陕西省长安县张家坡、北京市琉璃河等地的西周墓中，都曾出土有柳叶形青铜短剑。这种扁茎无格、

长仅30厘米左右的短剑，在当时盛行的车战中，通常是作为长兵器之下的辅助武器，通常由甲士佩带以表示身份等级，同时也在近战中起卫体作用。

但当时在吴、越等河川较多的地区则因水战较多而将剑作为主要武器。春秋时期的名剑也因此大多出于这些地区。在这些国家，剑是步兵手中的利器，剑身加长。如吴王光剑、吴王夫差剑、越王勾践剑等，长度都在50厘米以上，其中越王勾践剑全长55.7厘米，并错金“越王鸠浅（即勾践）自作用剑”八个鸟篆书铭文，是吴、越名剑中的精品。

短剑灵活有余而长度不足。延长的办法是改进剑身剖面，或许还会将背和刃分用含锡不同的铜水浇铸，这些办法都有助于提高剑身强度，使剑更为修长。这导致剑在春秋战国之交取代青铜刀，树立了自己在短兵器中的霸主地位。

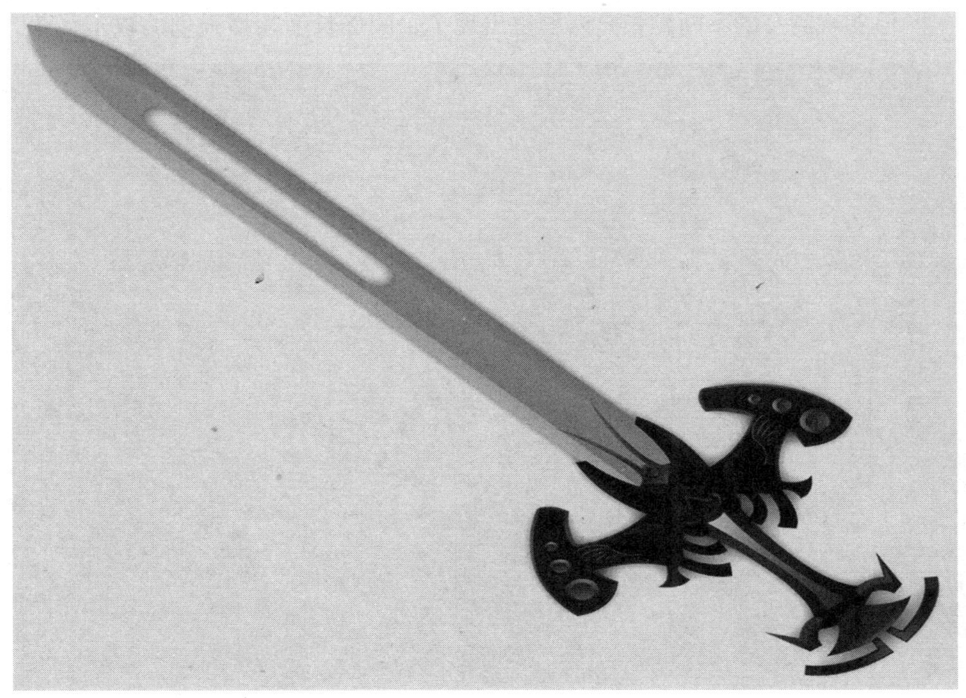

剑

战国时期，剑身继续加长，有了六七十厘米长的铜剑，并已铸出脊部和刃部具有不同铜锡配比的青铜剑，其脊部柔韧，而锋刃坚利，提高了杀伤效能。陕西省临潼县秦始皇陵兵马俑坑出土的青铜剑长94厘米，剑身窄而薄，刃部锋利，表面还进行了防锈处理，代表了青铜剑制造技术的最高水平。

春秋战国之际，已开始出现钢铁剑。湖南省长沙市的春秋晚期墓葬中出土的钢剑，经化验证明，是用含碳量为0.5%左右的中碳钢锻打而成的。在湖南省衡阳市、郴州市，河北省易县等楚、燕旧地发现的战国钢铁剑中，最长的达1米多。

西汉初年，钢铁剑盛行，其实战效能日益提高。如西汉中山靖王刘胜的钢剑，内部是低碳钢，表面是高碳层，刃部经淬火处理，锋利坚韧。西汉剑的长度更是登峰造极，突破了1.1米，而且更加追求造型的平直和精致。中国剑也就是在这一时期成为日后我们所见到的样子。

但随着剑身的不断延长，问题也出现了，固然长度能增强剑的攻击优势，

古人铸剑雕塑

但却降低了原先近距离击刺的功能。而由于汉朝时骑兵已成为主要兵种，他们也日益迫切需求专业的、具有挥砍杀伤效能的劈砍兵器。单刃厚背，制造工艺更简单的环首刀满足了这一要求，因此在东汉以后较长时期中，环首刀成为军队的主要装备。至于击刺功能，则逐渐让位于与短刀默契配合的长矛。

因此在东汉以后，剑的实战作用逐渐降低，失去了实用功能，人们遂转而发展带有各种装饰的佩剑（如玉具剑、犀具剑等）。剑也就越来越重于装饰，向着高雅轻巧过渡。晋朝还出现了用作仪仗的木制“班剑”。唐朝的剑主要作为王公贵族和文武官员的佩饰品，剑首作云形装饰。直至明清，剑的形制再无多大变化。

当剑的装饰性发展到一定阶段，审美的需求最终掩盖了功能的缺陷。从宋代开始，上至皇帝下至官员，都开始把玩一种玩物一般的短剑。到明清时代，这种风气更是甚嚣尘上。

但是在民间武术界，剑却成为中国武术中器械类的代表。武术套路中的剑以撩刺为主，风格轻灵潇洒。武当剑、达摩剑、太极剑、青萍剑、形意龙形剑等都是我国比较著名的剑术套路。

有的剑在剑柄上配有剑穗（又称“剑袍”），称为“文剑”。无剑穗的剑称为“武剑”。剑穗长者较为难练。有人又在剑穗上串有铁珠，随剑穗飞舞，

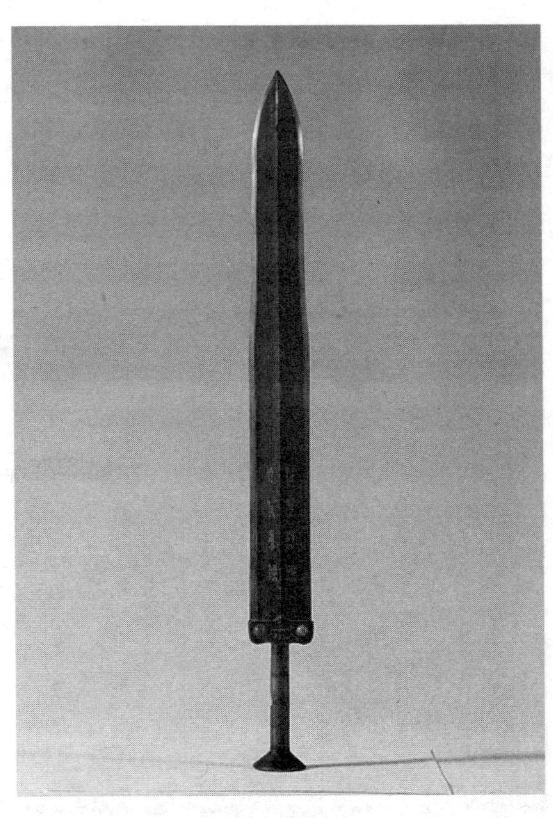

越王勾践剑

可击人致伤。

剑术也分单剑与双剑两种，以单剑为多。清咸丰、同治年间，河南开封有一少妇杜宪英精于剑术，曾因事乘船于长江，群盗乘夜色登船抢劫，杜宪英挥剑格斗，连杀三盗，群盗鼠窜而去。更早一些，江苏宜兴有一位名叫周济（1781—1839 年）的著名的词人，武功卓绝，曾击杀盗匪多人。有两个大盗衔恨不已，必欲除之而后快。周济因事北上，路过山东，两盗尾随其后，准备在旅店下手，而周济毫无察觉。当夜，两盗扑入周室，举刀便砍，周济仓促应战，手无兵刃。正危急间，一位少女执双剑飞步而入，双剑"夭矫若长虹"，片刻之间，已将二盗刺死。周济见此女武功远胜自己，拜问姓名，才知是旅店主人之女，名叫红蛾，原来她早就认出这两个强盗，于是暗中加意提防，在危急之际出手救人。

中国少数民族曾在历史上创制过具有民族风格的多种剑，如商周时期北方流行的曲柄铜剑、曲刃铜剑；战国到秦汉时期，西南少数民族也制造了带有不同民族风格的铜剑和铜柄铁剑等。

云梯和战车

云梯是我国古代战争中用以攀登城墙的攻城器械。史料显示，云梯的发明者是春秋时期的鲁国巧匠公输般也就是鲁班，战国时期的云梯由三部分组成，虽然十分稳固，但很笨重，使用十分不便。到了唐朝，云梯比战国时期有很大了改进，梯固定在底盘上，并且有可升可降的上城梯。宋朝时，云梯结构有了更大的改良，云梯采用了中间以转轴连接的折叠式

结构，并在梯底部增添了防护设施。

战车是在战场上必备的武器之一。古时战车仅仅是提供载人、防御的作用，随着时间的推移，能够携带武器进行作战的战车慢慢被发明出来。如火箭车和老虎车，便是其中的两种。

鞭

鞭是中国古代的一种钢铁制答击兵器，其形似竹节（以十三节者为常见），故俗称“竹节钢鞭”，从其形制推断最早当为竹制。按照文献记载，鞭

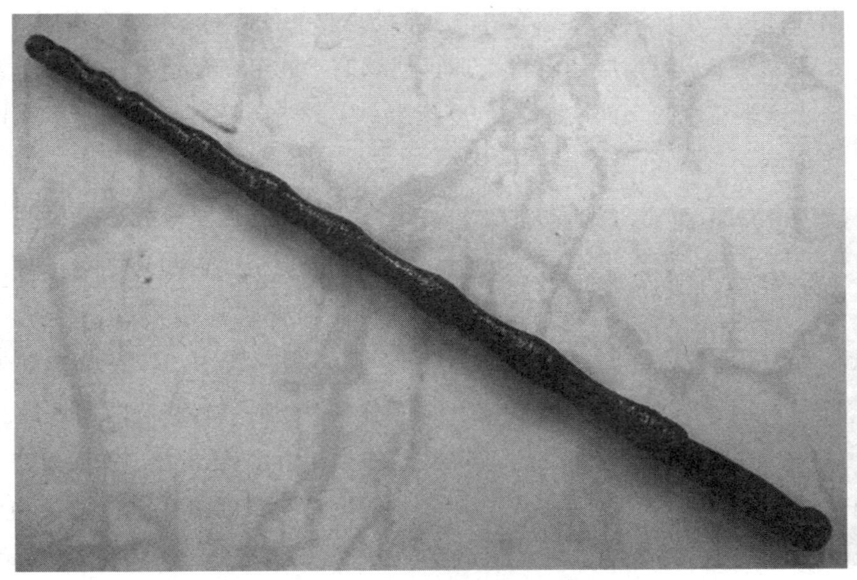

唐水磨虎尾竹节钢鞭（又称“尉迟鞭”）

在先秦时期曾作为刑具使用，到了五代时期，才开始有将领用铁鞭作为兵器。如后晋将领安重荣曾使用大铁鞭，被人称为“铁鞭郎君”。宋代铁鞭的使用逐渐增多，主要有铁鞭和连珠双铁鞭。如《宋史·王继勋传》称，道州刺史王继勋勇武异常，惯使铁鞭、铁架、铁挝等兵器，故有“王三铁”之称号。明清时期，军中也常有使用铁鞭的将领。

鞭有柄，末端尖锐，以劈砸为主，亦可挑刺。

 锏

锏也是中国古代的一种短柄打击兵器，为长条状，钢质，无刃，末端无尖，形似竹简，故原名为简。锏与鞭属同类兵器，但锏身无缝无节；鞭为六角形，锏多为四棱。因为二者形制相似，所以历代都把鞭、锏相提并论。

锏的长度一般在0.8米左右，连把约长四尺。锏是一种较为通用的兵器，步、骑兵都可使用。锏一般不单用，通常都是双手各持一支，配合运用。

小说演义中一般称唐初名将秦琼善使双锏。近年在福建发现了宋代著名抗金将领李纲监制的一件铁锏，长90厘米，锏身错金篆书“靖康元年（1126年）李纲制”，是现存年代较早的实物。

清睚眦头水牛角柄钢锏

宋军与西夏军战于好水川（今宁夏隆德至西吉两县之间）时，宋将任福曾“挥四刃铁锏，挺身决斗”。另《金史·乌延查刺传》称：“查刺左右手持两大铁简。简重数十斤。人号为‘铁简万户’。”锏一直使用到清代。《清会典图》中就描绘了绿营兵使用双锏的情形。

鞭与锏历代视之为杂兵，在短兵器中不及刀、剑广泛。除双鞭双锏外，多配合其他兵器作战，尤其是和长兵器相配合使用。

锤

锤是一种头部呈球状的打击兵器。又有槌、椎、金瓜等名称。有锤头和柄组成的锤和绳系锤头的流星锤。有柄的锤又根据柄的不同分长短锤。长柄锤多单用，短柄锤多双手成对使用。我们在这里所说的锤为有柄的锤，流星锤放在软兵器中另行介绍。

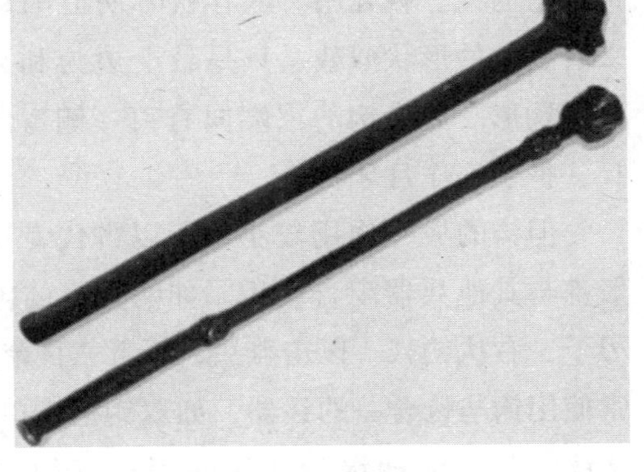

辽代和明代的锤

锤的起源很早。在新石器时代晚期遗址中就有石锤出土。随着时间的推移，又演变为青铜锤和铁锤。《史记·魏公子列传》记有魏公子信陵君，令朱亥用40斤铁椎击杀晋鄙，夺取军权的故事。

锤虽非常备兵器，但历代都有使用。明军常使用绳系飞锤。清军在入关前还组建过专用铁锤的铁锤军。

短柄锤多沉重，使用时硬砸实架，其用法有涮、拽、挂、砸、架、云、盖等。

和锤相近似的是骨朵。骨朵是在长柄的一端安有一个铁制球形头的击砸形兵器。据《武经总要·器图》记载：骨朵本名为“胍肫”，谓其形如大腹，似肌而大。后来人们将其误读为骨朵。书中记载的制品有蒺篡骨朵和蒜头骨朵两种，头部用铁制造，分别与带刺的蒺藜和多瓣蒜头相似，故有其名。南宋抗金名将岳云，惯使一对蒜头骨朵。辽军把骨朵作为基本装备之一。金朝的仪卫兵也用金饰骨朵、广武骨朵等作为仪仗兵器。

 钩

钩是一种外形似剑的短柄格斗兵器，一般认为由戈演变而成。钩最早出现于春秋末期的吴国，故又称为吴钩，常与戈、戟并用。从春秋时期卫国墓葬出土的铜钩来看，钩的形状似戟，只是戟上边为利刃，而钩上边为一线钩形。后代钩的末端向有刃一侧弯曲，用以钩杀敌兵，护手处作月牙状。

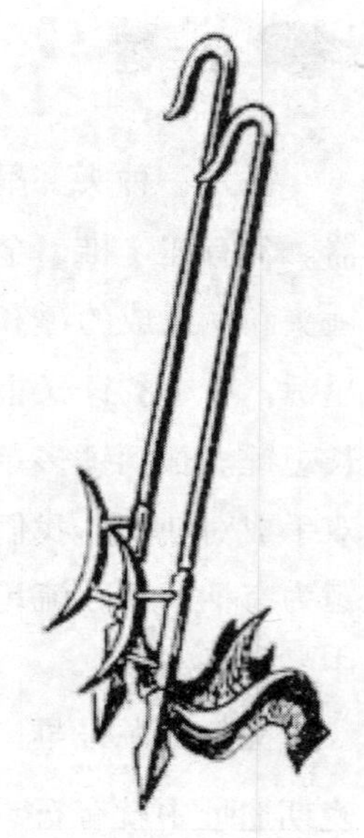
钩

但钩的战斗作用较小，所以古代专用钩的较少，一般都与其他兵器配合使用。如两晋时的冉闵就“左操双刃矛，右执钩戟，以击燕兵，斩者三百余级”。宋代军队常使用钩与枪合一的兵器，如双钩枪、单钩枪、环钩枪、钩镰枪等。清朝绿营兵还使用过三须钩、铁挽等钩形兵器。

武术中常见的是双钩，比较难练。其用法有钩、缕、掏、带、托、挑、刺、刨、挂、推、架等。演练要求有起伏吞吐的身法来配合，因此有“钩起浪势”之说。相传清代中期河北献县人窦尔墩曾以双钩闻名。

其他短兵器

拐是一种木质兵器，有短拐、长拐两种，短拐长约 0.7 米，长拐长约 1.3 米，虽然有长短之别，但仍属于短兵器。拐的特点是在木棒靠近末端处置一横柄，呈“丁”字形。拐可用来击砸，又可用来钩拉锁拿对方兵器。

杖与拐相近，但其横柄置于木棒末端尽头，亦呈“丁”字形。杖长约 1.2 米，可单手使用，也可双手使用，其技法有钩、挂、崩、点、拨、撩、

戳、劈、扫、击等。

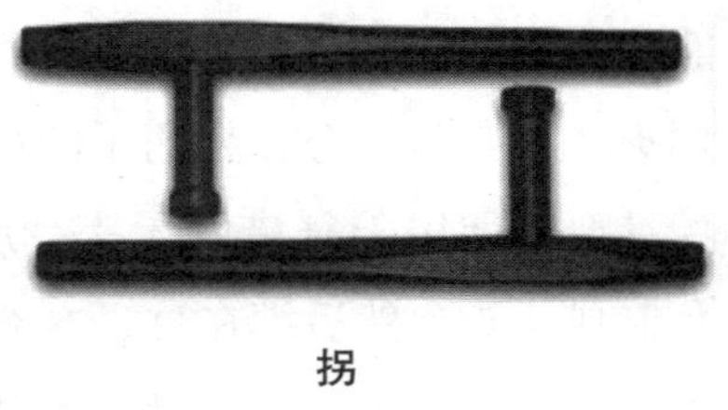

拐

除了以上介绍的一些短兵器之外，古代还有一种短兵器叫“铁尺”，长约 0.6 米，细长而扁，无尖无刃，以劈砸点戳为主，清代时还比较流行，目前已极为罕见。另外还有一种“鞭杆”，是一种木制短棒，长约 1.3 米，杆梢略细，据说是从马鞭杆衍化而来。鞭杆短而无刃，便于携带，使用方便，流行于西北地区。

此外还有短柄斧，我们把它放在“长兵器”的“斧钺”部分中一并介绍。

第二节 长兵器

长兵器是较长的手持格斗兵器的统称，多用双手操持，是与短兵器相对而言的。我国古代长兵器的长度标准一般是超过正常身高成年男子的眉际。

在我国古代战争中，最为常见的长兵器是矛和戈，以及它们合成而来的戟。

矛

矛是一种用于直刺、扎挑的长柄格斗兵器。它由矛头和长柄组成。不同

时代与用不同材料制成的矛头虽有差异，但从其基本构造上看，矛头有尖锋、侧刃、矛叶、矛脊、装柄用的骹、附在骹侧用于绑固矛头的环纽等。不过原始社会晚期用于狩猎的矛头，形状并不统一，它们大多用尖形的石块或骨、角制成矛头，然后绑在竹、木柄上，成为最简单的石矛、骨矛和木矛。

矛是古代军队中大量装备和使用时间最长的冷兵器之一。矛的最原始形态是用来狩猎的前端修尖的木棒。后来人们逐渐懂得用石头、兽骨制成矛头，缚在长木柄前端，增强杀伤效能。在新石器时代遗址中，常发现用石头或动物骨角制造的矛头。从浙江余姚河姆渡遗址（距今约 5300 ~ 7000 年）、山东日照尧王城龙山文化遗址（距今约 4000 ~ 4900 年）出土的木矛、石矛和骨矛可知，当时的矛头长 10 ~ 20 厘米，阔 1.4 ~ 2 厘米，外形呈等腰三角形。有的矛头在两面居中部位有凸形脊棱，横截面呈等边三角形或菱形，前有锐利的尖锋，后部有铤或刻成凹口和圆孔，以便于安柄。这些构造特点说明，大约在 5000 年以前，我国先民使用的矛已经基本定型。

出土的实物表明，我国至迟在公元前 16 世纪至前公元 11 世纪的商代，青铜阔叶矛已成为军队重要的装备。矛刃一般有中脊，左右扩展成带侧刃的矛叶，并前聚成锐利的尖锋。在河南省安阳市侯家庄殷代王陵的墓道里，曾发现了成捆放置的大量铜矛，每捆 10 支，这是殷王禁卫兵士的兵器。在 1969 年至 1977 年对殷墟西区墓葬的发掘中，曾获得铜矛 70 件。从商朝到战国时期，一直沿用青铜铸造的矛头，只是在形制上，由商朝的阔叶铜矛发展成为战国时的窄叶铜矛。矛柄的制作也更为精细，出现了积竹柄，即以木为芯，外圈以两层小竹片，再用丝线缠紧，涂漆，使柄坚韧而富有弹性。湖南长沙市出土的春秋晚期积竹矛矜，长达 297 厘米。湖北江陵县出土的一件吴王夫差矛，其上有错金铭文“吴王夫差自乍（作）用……”的字样，堪称春秋末战国初精品青铜矛的代表。从战国晚期开始，较多使用钢铁矛头，而且这一时期军队已经开始普遍使用窄叶矛，矛锋尖利异常，刺中人体后如锥扎一般，杀伤力更强。

西周至春秋矛的种类有步卒使用的酋矛和车兵使用的夷矛。据《周礼·

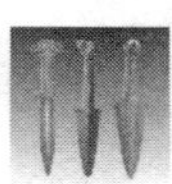

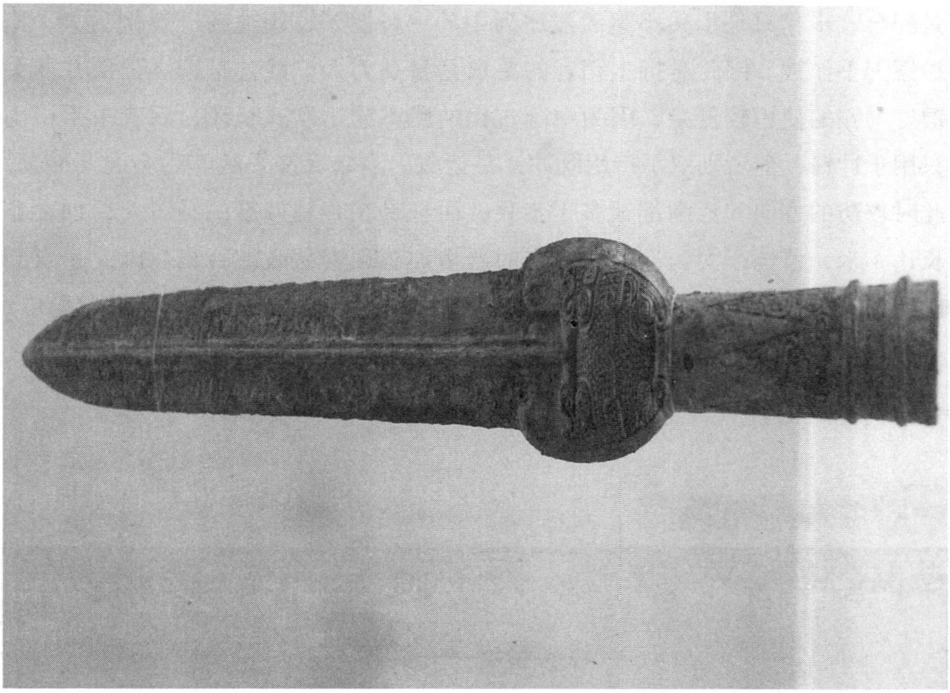

矛

考工记·庐人》记载，酋矛柄长二丈，便于步卒在两军相接时平刺；夷矛柄长2.4丈，约相当于人体的三倍，往往放在战车上1~2支，以备不时之需。因为在战车上使用，如果短了，就刺不到敌方战车上的甲士。因此矛柄的长短是由实际作战的不同需求决定的。

尽管先秦时代矛的制作越来越精良，重要性也越来越大，但却始终不能取代戈的地位。

西汉至唐代的骑兵，常用矟作兵器。随着钢铁冶锻技术的提高，矛头的形体加大并更加锐利。《正字通》中云："矛长丈八谓之矟"，所以古代也把丈八蛇矛称为"铁矟"。这一时期也是矟在长兵器中唱独角戏的时代。特别是南北朝，是矟的鼎盛时期。因为此时中原骑战鼎盛，而人马都身披两裆铠的重装骑兵正是以矟和弓箭为主力武器。步矟的使用较简单，因为步兵偏重的

是配合，步矟只是步兵小组武器序列中的一种罢了，用途在于刺倒敌人，掩护短刀手作战。因此对持步矟者的要求是身高力大，武艺是否高强倒并非关键。马矟的使用较复杂，因为中国古代的矟不同于欧式长矛，后者单手持用只用于冲锋，前者则双手持用既冲锋又近战。当骑兵冲入敌阵后会展开冲荡，此时攻防的方向和范围都远多于步兵，而且是在奔驰颠簸的马背上，加之矟长达4米，惯性巨大，不经过一定的严格训练很容易破绽百出。因此一直到唐代，善于在马上使用矟的都是武艺高强的将领。如《旧唐书·尉迟敬德传》记载，在一次作战中，李元吉跃马执矟，欲刺敬德，敬德眼疾手快，将元吉的矟夺去。直到唐代，矟一直是民间禁止持有的重要兵器之一。

知识链接

铁头金钢——头盔

头盔是用金属、皮革和其他材料制作的防护帽。我国原始时代，就有兽皮防护帽，被称为“胄”。战国时燕国有用铁片编缀的铁头盔，称“兜鍪”。1758年法国的龙骑兵最初使用的头盔是圆形的，有两个硬帽檐、下鄂带和上部装饰。

我国古代宋、元、明各代头盔的形制，大体类似，多为金属制造。据《武备志》记载，元代以前，盔一般是用铜铁、皮革、纸、藤等制成，明代以后，盔的质料有所改进。明初，在以金属、皮革制的同时，开始用绸布和棉花制成帽形，外包铁叶，贯以铜钉。到了清代，仍效仿明代的盔胄，主要以绸棉制作，外加铁叶和铜钉，比以前轻便多了。火器发达以后，这种盔不能抵御枪炮弹片的侵彻，便停止使用，改用质地坚硬的钢盔，一直沿用至今，各国步兵都还装备钢盔。

隋唐以后，矛头的种类增多。其中一支延续矟的特点，继续走重型路线；另外一支矛头尺寸缩小，更轻便合用，并改称为枪。

矟则更加笨重，多用于马上作战，且多为力大之人使用。后代的矟还结合了棒和狼牙棒的特点。比如有的矟柄用坚木制成，长约 2 米，柄端装有一长圆形锤，上面密排铁钉或铁齿六至八行，柄尾装有三棱铁钻。因其形状与狼牙相似，故也称“狼牙矟”。《水浒传》中“百胜将”韩滔用的是一杆枣木矟；番将乌利可安用的是一杆纯钢枣矟；另外，还有指矟、掌矟、双矟、衡矟及枣阳矟等。

矟在现代武林之中已近失传，练的人寥若晨星。矟传统的演练套路称为“单矟”，练法与大刀相似。它的用法有劈、盖、截、拦、挑、撩、云带、冲等。尽管矟较重，但也可演练许多招式，如“泰山压顶”、“力劈华山”、“横扫千军”等。

 枪

前已述及，枪是由矛演化而来，它由枪锋和长柄组成，其杀伤作用与矛相同。唐军使用的枪有漆枪、木枪、白头枪、扑头枪四种制式枪，分别装备骑兵和步兵，并用于军事训练。当时枪的用途甚多，如两军相对时，直接用枪刺杀敌军；安营扎寨时，常竖枪为营；涉渡河川时，也常捆枪为筏。宋代是枪的黄金时代，种类可谓空前绝后，使用长枪作战的名将很多，杨家将中杨业父子都因善用长枪而闻名于世。

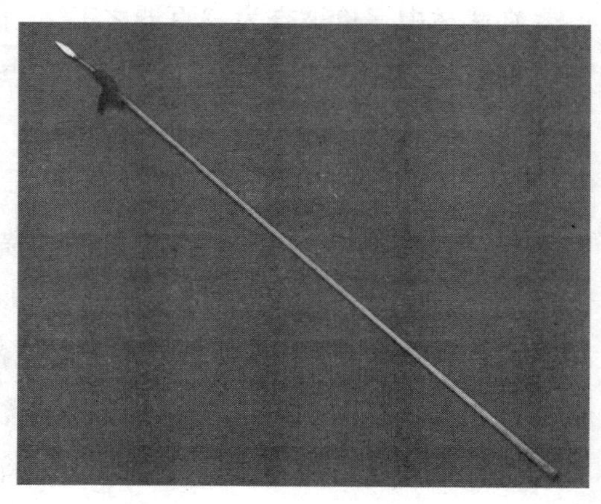

枪

宋代制造的枪有很多种类，仅在《武经总要》中就有 18 种。也

许是对骑兵正面突破的依赖降低的缘故，宋代马枪的长度略有缩短，使其更灵活，同时制作更精良。其中有一些还和钩结合在一起，形成一种复合兵器。宋代马枪有双钩枪、单钩枪、环钩枪，枪锋后部分别有双钩、单钩和环钩，使其具有双重用途。枪后有可插入地的铁镦，杆上还有牛皮编成的提绳，便于骑兵在马上扎刺敌兵并将其钩落于马下。步兵主要使用无钩的直刃枪，如素木枪、鸦项枪、锥枪、大宁笔枪等。锥枪有四棱刃，既锋利而又不易折断。大宁笔枪在刃下数寸处安有一个小铁盘，四周有刃，敌人无法用手抢夺。同时，宋代还有专用于攻城的短刃枪、短锥枪、抓枪、蒺藜枪、拐枪等短柄枪；以及用于守城的拐突枪、抓枪、拐刃枪和钩竿等，其特点是枪柄较长，一般长2～5丈，便于刺杀正在攀登云梯攻城的敌军。此外，还有用于教练的槌枪，用于投掷的梭枪，以及捣马突枪等。

元代有一种可刺可掷的两头有锋的标枪。明军使用的枪有长枪、四角枪、箭形枪、龙刀枪等，长枪的枪头长三至七寸，重四两，以竹或木为柄，全枪长约1.2丈；铁钩枪的铁刃连钩长一尺，便于配合盾牌进攻；龙刀枪有旁刃，可砍可叉。清军八旗和绿营兵装备的枪有长枪、火焰枪、钩镰枪、双钩镰枪、虎牙枪、蛇镰枪、雁翎枪、十字镰枪、钉枪、矛形枪等，甚至出现了近5米长的钉枪，已达中国长兵器长度的极限。

在武林中，枪被誉为“百器之王”。俗语说“枪扎一条线”，要求扎出平直，即所谓“中平枪，枪中王，当中一点最难防”。武术界的枪法以拦、击、扎为主，兼有劈、崩、挑、拨、带、拉、圈、架诸法。唐末名将王彦章擅长使铁枪，人称“王铁枪”。宋代名将岳飞、杨再兴均是枪术名家。南宋时，山东潍州（今莱州市）人杨四娘以枪法纵横南北，自称“二十年梨花枪，天下无敌手”。明末清初，峨眉枪法曾冠绝一时。清咸丰年间，江苏无锡人陶某善枪，人称“陶家枪”，不料竟败于无锡守备蒋志善手下，陶某拜伏求教。蒋志善持枪起舞，“闪闪成白光”，犹如直径数丈的车轮在飞转。蒋志善令陶某向他泼水，谁知竟水泼不进，反弹如雨，将陶某全身淋湿，而蒋志善身上毫无水迹。

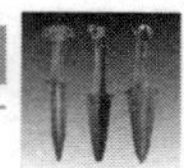

戈

戈是中国古代特有的兵器，既能钩又可啄。据推断它应当由镰刀一类的农用工具演化而来。新石器时代晚期使用的石戈，其援和内的分界尚不明显。进入青铜时代后，戈类兵器得到空前的发展。商周时期盛行的青铜戈，在形制构造上已相对完整。全戈由横装的戈头、柄和铜镈构成。戈头由“援”、“内”、“胡”三部分构成。援是横出的杀伤部位，由上下两刃向前弧收成尖锋，用以钩啄敌人。内在援的后尾，其上有穿绳缚柲（即戈的柄）用的孔，称作“穿”。援和内之间设“阑”，并在援下近阑处下延成“胡”。胡上也有穿，胡越长穿越多，柲和戈缚绑得也越牢固。镈安在柲的尾端，可以使戈插在地上不致偏斜。

《周礼·考工记·冶氏》规定了戈的各部构造数据：“冶氏为杀氏。刃长寸，围寸铤十之，重三垸。戈广（宽度）二寸，内倍之，胡三之，援四之”，即戈的宽度为二寸，其内为四寸，胡为六寸，援为八寸。通常的戈，柲长六尺六寸，重一斤十四两（古代十六两为一斤）。长戈用于车战，短戈用于装备步兵。

商周时代之所以盛行戈而不是矛或长刀，是因为当时盛行车战，而车战的近战是在战车交错时展开的，用矛很难借助战车的冲力，同时也难以在交错的瞬间击中目标；沉甸甸的长刀则不但比戈笨重，而且更容易磨损失效。因此善于啄杀的戈就成了当然的主力。

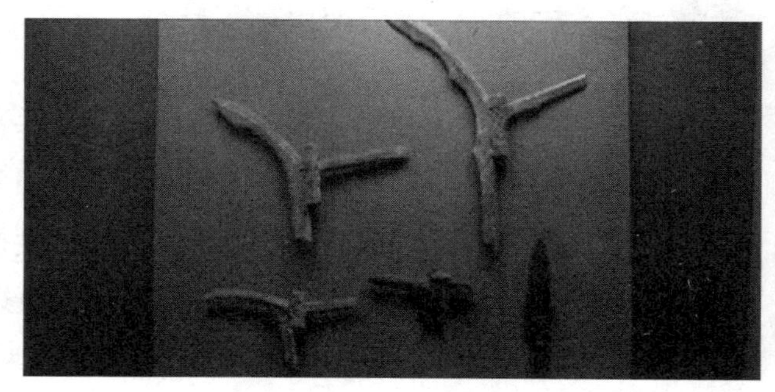

戈

到了春秋战国之交，战争规模日益升级，战场也不再局限于平原。以赵

武灵王胡服骑射为标志，骑兵开始大规模介入战争，战术谋略因而大为丰富；同时，铜弩的出现使得远射兵器的性能大幅度提升，战车几乎成了弩兵最佳的靶子，战车的末日也就来到了。尽管有一些战车增加了更多的马匹、披上了更厚更多的盾甲，连两侧轴头都装了驱杀步兵的扁矛，戈也发生了变化，头部变成弧形，内刃加长像镰刀，外刃增强了推的杀伤力，用推来对付步兵的围攻，可惜这一切还是无法挽回战车时代的终结。没有了战车作为载体，戈也就失去了往日的辉煌。

而且，戈自身也有一些缺点，比如头部易脱落、因挥击而攻击缓慢等。所以后来戈通用的装头方法只有绑缚，看起来简陋，但是便于重新捆紧。不过挥击缓慢的毛病无法克服，而且杆部由于抗力方向问题还更易折断；推又不如刺灵巧锋利。同时随着战车的衰落，步兵也摆脱了最大的侧面威胁。戈从战国晚期至秦以后开始被淘汰，两汉以后，戈便在兵器行列中绝迹了，终于彻底退出了历史舞台。

但由于戈使用最普遍的时代也正是汉字文明蓬勃兴起的时代，因此“戈”字在中国古代是一个具有特殊意义的字，它不但与防护装具“干（盾）”连在一起使用，成为“战争”一词的别称——“干戈”，而且还与其他汉字组成与战争有关的战、伐、武等字。作为一个重要的汉字首部，一直流传到今天。

戟

戟是中国古代将矛和戈合为一体的长柄格斗兵器。戟由长柄和戟头构成，可刺、可钩、可啄、可割，是一身四用的兵器。戟头在商周时期用青铜铸制，战国末年出现钢铁制品。戟柄为竹、木制，其长度按不同使用情况有所差别：车兵用戟柄最长，骑兵用戟柄稍短，步兵用戟柄更短，称为“短戟”。

戟最早出现于商代。河北省藁城市出土的一柄戟，是在矛柄前端联结矛銎处横安一个戈头构成的，也就等同于加了矛尖的戈。西周时期开始出现把

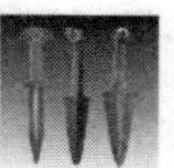

刺、胡、援、内合铸在一起的“十”字戟。这种戟有两种形式。一种是以矛头为主体，侧面出援，构成以刺为主的戟。另一种是以戈为主体，把上阑延长并加宽，构成以钩啄为主的戟。不过这种戟的战斗效能并不突出，到春秋战国时期已绝迹。春秋时期还出现了一种把长胡多穿的青铜戈和青铜矛联装在一起的戟，成为车战中使用的重要格斗兵器。据《考工记》记载，戟同戈、殳、夷矛、酋矛一起被称为“车之五兵”，是车战的主要格斗兵器。

戟

战国晚期出现了一种刺、援合体的“卜”字戟。这是一种刺、援合铸的钢铁戟头。由于取消了青铜戈类兵器传统的后内，故成为“卜”字形。到了西汉，“卜”字形钢铁戟是步骑兵装备的主要格斗兵器。到西汉末，“卜”字形戟的形制又发生了变化，侧出的小枝渐次向上弯曲，东汉以后则变为硬折向上，从而更增强了前刺的功能。至于原有的钩、啄功能，则随着结构的变化而逐渐消失。

同时在中国南方的吴、越、楚地区，还流行一种独特类型的联装戟，即在一根长柄上联装二三个无内的戈头，人们把它们称为“多戈戟”。其中较为常见的是“二戈戟”和“三戈戟”。

不过在以车战为主的时代，戟并没有表现出明显优势，因此没能得到重视。

到了秦汉，随着战争方式的转变，既有矛的作用，又保留戈的特点的戟流行起来。特别是从东汉末到三国时期，戟的使用相当普遍。汉朝还出现一种单手握持的短柄戟，称为“手戟”，一人可持两戟并用，故又称为“双戟”。但戟也存在缺点。比如容易被搅缠，由此还产生了专门针对戟的战法。比如汉代有种叫钩镶的带钩小盾就是专用来搅缠戟的，然后再跳上前去给持戟人一刀。另外骑兵冲锋对戟的推钩功能也不太依赖，刺的同时又推是多此

一举；钩固然有用，但也遗传了戈的老毛病——头部易脱落。因此到了东汉，长戟的戟枝就越来越向前了，也就是越来越像叉了。

隋唐以后，戟逐渐退出兵器行列而成为专门的仪仗用品了。明代民族英雄于谦的《漫题屋壁》诗末两句曰："门前无列戟，错认野人家。"说明到了这一时期，列戟已经成为官爵的象征。明清时期富户条案上的瓶中也常插银戟，或者墙壁上挂有戟图，上画之戟，中为双月牙青龙戟，两旁斜插有单月牙青龙戟。这都是取戟与"给"谐音，象征富贵、自给自足。

知识链接

防弹背心的祖先——铠甲

铠甲是一种护身的防护甲，形似短袖衬衫和背心，最初是把一些皮带或薄金属片缝在皮衣上做成。有时铠甲外部罩上件丝绒外衣，饰以压制花纹和雕刻图案。11 世纪出现了锁子甲和鱼鳞甲；13 世纪起逐渐被锁子甲和细密的铠甲所代替。

武术界对戟还有"一条龙"的说法，即龙头、龙口、龙身、龙四爪、龙尾。其头能攒，口能叼，身能贴、靠，爪能抓，尾能摆。有青龙探爪、黑龙入洞、懒龙翻身、乌龙摆尾等招式。

戟分为长杆单戟和短柄双戟。长戟分为方天戟（戟头两侧各有一个月牙，杆上有戟形，如画字，朱漆为饰，故名画戟。还悬有彩绸，上系金钱，叫金钱五色幡）、青龙戟（单侧月牙，杆上画有盘龙，朱漆为饰，悬系彩钺叫金钱豹尾子）、蛇龙戟（戟刺为蛇形，余同青龙戟）、月牙戟、东方戟、护神戟和

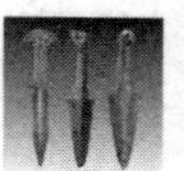

戟镰、常胜戟等。短柄双戟分单月牙（练者多）、双月牙。也系有彩缨球，今皆系红缨。东汉末年，吕布是使戟的能手，曹操善于使短戟。目前武林中仍有演练者。

戟的套路分马上和步下两种。马上套路一般双手执杆，还可一手握杆，另一手握于月牙内的铁梁上。长戟杆长于大刀，舞起来花样翻飞，谚称“剑无缠头戟无花。”长杆单戟可左右手前后换把使用，其出之势如同戳棍，故叫“戟扎戳势”。各派戟法差异较多，以六路戟法为最佳。戟最基本用法有贴、靠、剁、片、钩、回刺、提等。

斧钺

斧、钺二者形制相似，区别不大，都是用来劈砍的长兵器。但由于其杀伤力不如戈矛，在先秦时期，其实战价值就已大大降低，已多用于仪仗、装饰之需，作为军营中统帅权威的象征，并用于刑杀。作为仪仗用的钺，则一直沿用到清朝末年。由于斧钺之间的实际区别并不大，经常互相混同，例如北宋《武经总要》一书中收录的“大斧”的图像，也是弧曲阔刃而两角上翘，看来是沿袭古代钺的形制。

如果一定要将两者相区别，那么从尺寸和用途上看，钺应该算作一种大斧，重量也较斧更大。钺比斧头大三分之一，杆长一尺半。但因形制沉重，灵活不足，后代更多地用作礼兵器，常作为持有者权力的象征。斧则是一种用途极广的实用工具。形制上的区别是，凡在斧背上有钩或斧上有枪刺状铍头者，即为钺。铍头尖锋直刃、扁茎，长约六寸，穿透力很强。且其刃部宽阔，两角上翘，呈半月形。

就来源而言，钺就是由作为生产工具的斧演化而来。石斧的历史可追溯到几十万年以前。那时人们用磨制粗糙的石斧，砍斫器物、捕猎禽兽，是不可缺少的劳动工具之一。斧钺在上古时代不仅是用于作战的兵器，而且是军权和国家统治权的象征。象形文字的“王”字即作斧钺的形状，象形文字

"兵"字即为双手持有斧钺的形状，证明这种兵器是古代最早使用的兵器和权力象征之一。

甲骨文"兵" 甲骨文"王"

早在新石器时代的文化遗址中，曾发现一种磨制精细的石钺，它们体态扁平，比普通石斧的刃阔而弧度大，两角微上翘。在河南省临汝县阎村出土的陶缸上，有这种石钺的图像。从其形体特征看，不适于砍伐林木或用于农作，应是专门制造的原始兵器。由于氏族的军事领袖拥有石钺，因此后来就成为其权威的象征。比如在良渚文化遗址中，已发现玉制的钺，这种材质的钺在当时只可能具有神圣的象征作用，不可能充当实用器物。

进入青铜器时代，青铜铸造的钺仍是用于劈砍的兵器，其刃部保持石钺的特征——弧曲宽阔，两角略微上翘；但钺身较薄，多饰有雷纹，并且花纹非常精致美观；装柄的方式与短柄戈类似，为内安柲，并在阑侧设有穿孔。商周时代斧钺类型很多，且质料优良。如《考工记》所载的同代青铜斧内含锡量约为20%。形体较小的钺是实战用的。一些形体巨大而且花纹精美的钺，则是军中统帅的权威象征物，可以算作礼器而非兵器。例如在河南省安阳市殷墟妇好墓中，出土两件大型青铜钺，刃宽达37.3~38.5厘米，重达8.5~9千克，铸有铭文"妇好"。妇好是殷王武丁的配偶之一，生前多次领兵出征，是著名的女统帅，这两件大钺正是她的权威的象征。

周代有一种空头斧，大多是管形銎，上有孔，以安装斧柄。斧头中含有天然铜、铅、铁、锡、金等多种金属，质地坚韧，做工精良。据《六韬》记载，周武王军中有大柄斧，刃宽八寸，重八斤，柄长五尺以上，名曰"天钺"。另据《史记·周本纪》记载，武王誓于牧野时，"武王左杖黄钺，右秉白旄，以麾"。命将出征时也常赐钺，如著名的"虢季子白盘"中的铭文有"赐用戊（钺），用政（征）……"。

此外，斧钺还被用作刑具。据《史记·周本纪》记载，武王攻克商王王宫后，"黄钺斩纣头，悬大白之旗。"直到汉代仍以斧钺为斩首的刑具。由于

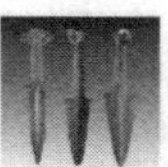

斧钺是一种斩杀罪人的刑器，所以历史上有“斧钺之诛”的说法。

在钢铁兵器中，钺从来不是大量装备部队的主要兵器。汉朝有一种把铁钺和铁矛结合在一起的兵器，称为“钺戟”。三国时，斧钺的制作受到兵家重视。据说诸葛亮亲自督造质地优良的斧钺，他还为此写下一篇《作斧教》告诫诸将战斧质量好坏：“非小事也，若临敌，败人军事矣！”视斧与刀同等重要。晋代以后，斧钺的形制有了新变化，其刃部加宽，柄减短，便于操持，砍杀能力有所提高，依式样不同有长柄斧、凤头斧等。唐宋时期，斧钺流行军中，成千上万的军士持长斧作战。唐朝天宝年间，大将李嗣业与安禄山交战于香积寺，李嗣业率步卒三千持长柄斧、陌刀阻击敌军，打败了安禄山统率的剽悍的北方骑兵。

河南安阳殷墟妇好墓出土的玉斧

宋朝军队的主要敌人是西夏、契丹、女真的骑兵。宋军在骑战中常处于劣势，主要靠步战取胜。所以宋兵多持斧钺来抗击辽金铁骑的冲击，以临敌制胜，南宋大将王德在一次对金将兀术的战斗中，兀术以铁骑排成强大阵营，王看到敌人右面阵营坚固，便决定先打左面。行近敌阵时，一金将横刀跃马而来，王德引弓射箭，一击毙敌。王德乘胜指挥兵马手持长斧排山倒海般冲向金兵，金兵大败。由此可见长斧在对抗敌骑兵队的战斗中的巨大威力。在古代战场上，斧作为一种实战工具一直多在城市防御战、水战中运用，用它来砍斫敌人的攻城器具，斩截敌舰帆缆等，发挥了巨大作用。

小说演义中讲到的使用大斧出名者，有唐初的程咬金，水浒传中的急先

锋索超，皆使用长柄大斧。

斧是利用杠杆原理和冲量等于动量的改变量原理来运作的，舞动起来姿势优美，风格粗犷，豪放。勇猛，可以显出劈山开岭的威武雄姿。斧的主要用法有劈、砍、剁、抹、砸、搂、截、片、砍、削、撞等。带刺、带钩的钺法则合斧、矛、枪三者为一体，另多刺、钩、拨、点、追五法。由于斧和钺演练起来比较笨重，加之很多传统套路已濒于失传，故现在武林中已很少见。

另一种短柄斧，俗称“板斧”，通常成对使用。即《水浒传》中李逵所用之物。清代时，江西九江某公子精于此术，曾以双板斧震慑群盗。至今香港仍有山东螳螂派的旋风双板斧套路传世，以抡劈为主。钺也有短杆的，如八卦掌拳派所用的子午鸳鸯钺，就是一种短器械。

最后附带说一下戚。这是一种形体较小的斧钺形兵器，故又称小钺。新石器时代晚期遗址中曾出土过石制和玉制的戚。河南堰师二里头早商文化遗址曾出土过青铜戚。这种兵器在晚商和西周前期使用较多，秦汉以后便从实战兵器中消失了。

长刀

原始的长刀除了刃平些、体窄些外，与斧钺没有多少差别。今天我们所见到的长刀实际上是从宽体短刀再度发展而来的，就是将刀身后装上长柄。这点可以从东晋时期出现的可装长柄的宽体短刀得到证明。不过当时的宽体长刀只能算是一种偶然的创新，还不能算作正式兵器。到了南北朝后期，长刀才开始流行开来。

陌刀是一种长柄两刃刀，也就是俗称的“三尖两刃刀”，为盛唐以后流行的兵器，主要供步兵使用。这是一种极长的刀。一般的刀，其正常长度在 2 ~ 3 米之间，而陌刀往往可达 3 米以上。当时一些善于使用陌刀的将领所用的刀，有的重达 15 斤。陌刀曾在唐军中叱咤一时，当时军中专门组建有陌刀队。通常陌刀队列阵于前端呈横向排列。进攻时通常采用密集冲锋阵形，大

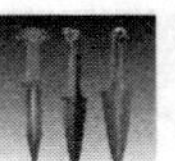

刀纷落敌阵，每击都能毙伤数人，故而所向无前。

但是，过长往往意味着攻击缓慢、不便挥舞，而且作为砍击兵器，双刃与单刃的作用区别并不大，所以陌刀在唐之后就不见记载了。此外，这种刀至今仍未见实物，只是从其宋代的继承者——掉刀那里，还依稀可辨其三尖两刃的特征。

宋官方编修的《武经总要》中列举的长柄刀有多种式样。除了掉刀以外，还有屈刀、手刀等。与宋代人文发达和军事软弱相比照，长刀的装饰也是偏于华丽而失之实用，但这并不能埋没宋代长刀的历史地位。宋代为长刀创立了“刀八色”，如今仍耳熟能详的偃月刀、眉尖刀、凤嘴刀、戟刀等都是那个时代出现的，以至于明清两代除分别创立钩镰刀和长杆镰刀似的割刀外，竟很难再有新样式。

武林中所用大刀皆是一面有刃。另有一种朴刀，其刀柄比大刀的短些，刀身窄长，也是双手使用。朴刀套路目前仍有流传。

棍棒

棍棒是使用最早的打击兵器，取材容易，制作方便。到新石器时代晚期，人们对自然的棍棒已能进行各种简单的加工，或削尖其一端以便刺击，或在其一端嵌以蚌壳、石片以便剖割，或在其一端安上石头以便锤击。唐代以后出现了多种形式的棍棒。从形制上分，有长棍、齐眉棍、三节棍、梢子棍等；从质地上分，有木棍、铁棍、铜棍等，以木棍最常见。

早期的木棍多以枣木制成，取其坚实沉重。后来改用白蜡杆，取其有韧性，较轻便。

宋太祖赵匡胤是善用棍棒的开国皇帝，有人说他靠“一条杆棒打出四百座军州”。在他的推动下，宋代出现了多种棍棒，仅《武经总要》就记有七种，棒端大多安有锋刃头部。如柯黎棒安有裹铁的头部，钩棒安有附带两个倒钩的夹刃，抓子棒安有鸡爪形钩头，狼牙棒安有一个扎上许多狼牙钉的纺

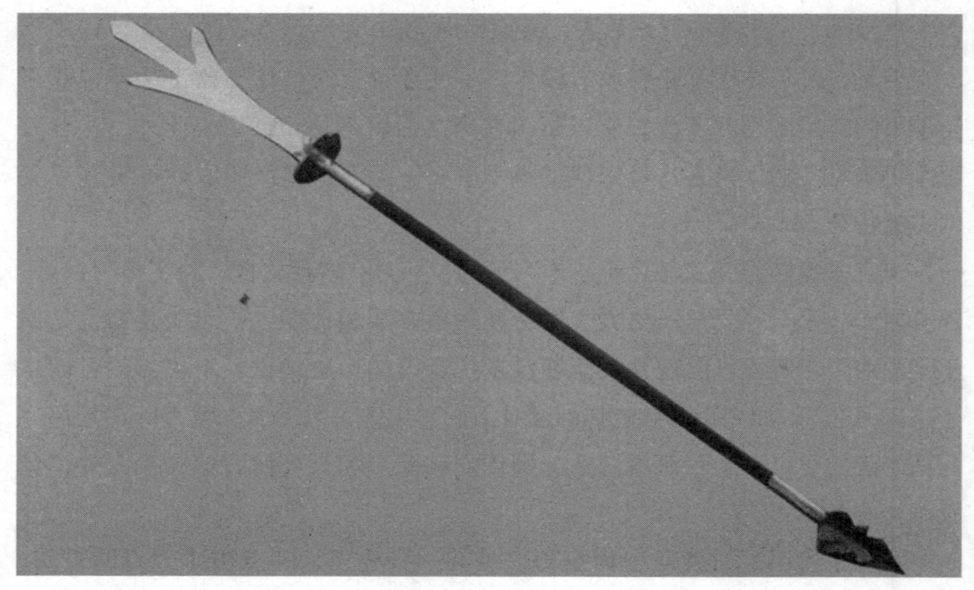

三尖两刃刀

锤形的头部。明代戚家军还曾使用过安有刀刃的棍棒。清军多使用虎头棒。

武术界的棍法以威猛快速为上，多有旋扫及舞花动作，打击空间较大，故称“棍打一大片”。少林棍、昆吾棍都是比较著名的棍法。

 殳

殳是最早由棍棒演变而来的长柄打击兵器，又称杵、杖、棓、柗、祋。殳首多用青铜制造。有无尖锋和有尖锋两大类。无尖锋殳首呈平顶圆筒形，有的在顶上还带有一个铜钮。有尖锋殳首的顶端呈三棱矛状，锋部后面连接一个铜刺球或铜箍，柄的尾端也安有一个铜刺球或铜箍，可刺可砸。商代尚无用殳的记载。周代已将殳列为“车之五兵”之一，长约 1.2 丈，有的安有金属头。战国时期，殳又被列为“步卒五兵”之一。秦始皇三号兵马俑坑出土的殳为铜头圆筒形，筒长4.2 寸，直径6 分，壁厚1 分，头为多角锥体。汉代以后，殳被淘汰。

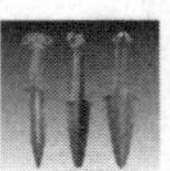

秦始皇陵兵马俑坑内出土的铜殳

镋

镋属于罕见兵器。其形制如叉，末端正中有尖头，坚锐如枪，称为正锋，长约0.5米。正锋靠后处横一月牙，月牙朝外，月牙上嵌着一排利刃，有三齿、五齿和九齿几种。镋柄长达2.5米，尾端装有棱状铁钻，称为“镈”。可将柄端插于地上，以其旁侧的两股作为发射架，燃放火箭。

镋是攻防兼备的长柄兵器，既可用于击刺，又可用于架格。由于这种兵器过于长大，分量又重，所以只有身高力大者才能使用。

《武备志》中说镋制于明代后期，在闽、粤、云、贵、川、湘等地都有使用。明代戚继光编练的步兵营都装备了长柄镋。但近年来浙江厚安县出土的一件三齿镋说明，北宋宣和年间（1119—1125年），方腊所率领的农民起义军已经使用镋作为兵器了。

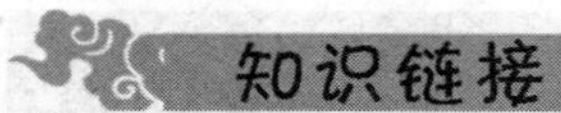

知识链接

方腊起义

北宋宣和年间，皇帝宋徽宗喜好花石竹木，在江南设“苏杭应奉局”，派朱勔等人到东南各地搜刮民间花石竹木和奇珍异宝，然后用大船运向汴京，每十船组成一纲，时称“花石纲”。浙江青溪及其附近地区盛产竹木漆茶等经济作物，造作局和应奉局每年从这里强征成千上万斤的漆，其他竹木花石的数量也极为庞大。这种沉重的负担都转嫁到小生产者和农民身上，尤其是靠出卖劳动力度日的赤贫者身上。

方腊又名方十三，是睦州青溪县（浙江淳安）人，一说歙州（今安徽歙县）人，雇工出身。相传其性情豪爽，深得人心，能号召很多生活困苦的农民。宣和二年（1120年）十月，方腊在万年乡洞源里正（相当于现在的村长）方有常家做佣工，积极联络四方百姓，准备起义。不料，他们的秘密活动被方有常发觉，便派二子方熊向县官告发。十月初九，方腊发现事泄，便立即在洞源村杀里正方有常一家（唯三子方庚越墙逃脱）而提前举义。方腊集合千余人，在洞源村东方有常家的漆园召开誓师会，假托“得天符牒”，自称“圣公”，建年号“永乐”，设置官吏将帅。青溪的农民闻风响应，他利用当地秘密流行的摩尼教来组织群众，起义队伍很快便扩大到数万人。三个月内，义军接连攻占了两浙首府杭州等地，队伍扩大到近百万人，“东南大震”。方腊建立了包括江苏、浙江、安徽、江西等6州52县在内的农民政权，在当时影响很大。

当北宋最高统治者接到方腊起义军逼近杭州的消息之后，先“下诏罪己”，宣布撤销“造作局”、“应奉局”，停运花石纲，又以童贯为江浙宣抚使，谭稹任两浙路制置使，率领15万精兵进剿。宣和三年二月，方腊退出

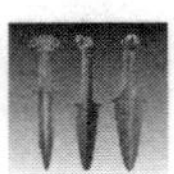

杭州，由富阳、新城、桐庐、建德、青溪，时战时退，最后退守帮源。四月二十四日，宋军从东西两面包围帮源。方腊在帮源的严家溪滩与宋军死战。在战斗中，方腊坐骑战死，战刀丢失，最后不得不带亲信退往洞源村东北的石洞中躲藏。石洞分上中下三窟，极为隐蔽，官军无法寻找。统制官王禀下令搜山。裨将韩世忠由方庚做向导，收买叛徒方京，才寻得方腊躲藏的石洞。四月二十七日，经过一番殊死搏斗，方腊和妻邵氏、子方亳、宰相方肥等52人被俘。宿将辛兴宗随后赶到，截洞掠俘，方七佛等人乘机逃脱，实俘39人，被解往汴京。八月二十四日，方腊在汴京就义。

方腊被俘后，余部坚持斗争，直到次年三月才被镇压。

方腊起义失败后，宋徽宗立即恢复了苏杭“应奉局”，并在开封重新设置了“应奉司”，加紧搜刮“四方珍异之物”，宫殿、园林等巨大土木工程也照旧进行。童贯则以平叛有功，加太师，被晋封楚国公。

方腊被处死后，歙县和淳安的一些地方的人还是很敬重这位农民起义的领袖。为了纪念他，以他的名字命名了许多地名，如方腊最后坚守的洞源石洞被称为“方腊洞”，此外安徽、浙江两省多地都有纪念方腊的方腊洞、方腊庙等。

方腊起义是北宋时期规模最大的一次农民起义，从根本上动摇了北宋王朝的统治。

其他长兵器

其他兵器还有耙、扒、铲、叉、狼筅，都是多锋刃兵器，出现较晚，虽然大多不是制式装备，但是也都具有一定的杀伤作用。

相类似的兵器还有镋耙。镋耙由耙头和长柄构成。钯头是用五支箭式尖锋，插在两个月牙形铁制的横刃上构成，两个月牙形的横刃之间有一定的距离。耙头制成后安于长柄上，柄尾安有金属镈。镋耙属于多刺锋式兵器。

唐镏金九齿镋

1. 耙

耙，也写作扒，也是从农具演变而来的兵器，其头部是一个特制的腰鼓形横木，末端安置多根短铁齿，一般称“九齿铁耙”，齿锋利如钉。耙全长2.4米左右，重2.5千克，可拍击，亦可防御，在明代抗倭战争中曾为军中利器。

2. 叉

叉是一种常见的兵器，古代多为猎户所用。末端分两股的，名“牛角叉”；末端分三股的，名“三头叉”或“三角叉”，俗称“虎叉”，中锋稍长，多为骑兵所用。叉法本于枪法，重在中平一势，也可锁拿对方兵器。晚近以来，练叉者多在叉身上套上若干铁环，演练时可哗哗作响。也有人能使叉在全身上下滚动，俗称“滚叉”，颇具观赏性。

3. 铲

铲是一种不多见的兵器，最早是农村用的除草工具。铲柄的前后都装有兵刃。前端铲头似弯月，内凹，月牙朝外。早期的铲末端装的是枪锋。我国早在新石器时代已有石铲，商代铸有青铜铲，战国晚期开始使用铁铲。

步骑兵都可使用铲。铲后来成为佛门特别爱用的兵器，又名“方便铲”。

后端改装成一个斧状的铲柄，末端开刃。这样的铲两端均薄体阔刃，可代替扁担负重，也可供开路使用。铲的种类有月牙铲、天蓬铲、莲花铲等。其中月牙铲是明代出现的。

铲后来成为武术器械的一种，在民间流传。演练时身法轻盈而别致，有推、压、拍、支、滚、铲、戳、挑等击法，具体招式命名也多与佛教有关，比如童子拜佛、乌龙摆尾、二郎担山、出山门等。

4. 狼筅

狼筅是一种长柄多叉刺兵器。其创制于明英宗正统年间，时间约为1444年至1449年，最初出现在四川，后被戚继光所部用于抗倭作战中。狼筅是用多节叉枝刺的毛竹制成，一般有9～11层节叉，柄长1丈半，前有铁制尖锋可以刺敌，旁侧各层节叉上，大多安有铁包的枝刺。有直形和钩形两种。作战中，通常用它同其他兵器配合在一起使用，具有较好的掩护作用。

第三节 远射兵器

所谓远射兵器，就是使用弓等发射器，把箭矢或石子、弹丸等射向远处以打击敌人的兵器。

射是周代时的“六艺”之一，也是古代最强大的攻击手段之一。早时的

贵族，如果家中生下男孩，都要向天地四方射出六箭，以示男子所要征服的世界，足见其在人们心中的地位。

远射兵器具有很好的时效性，可以从较远距离攻击敌人、避免自己伤亡。缺点是连续性差——当第一次打击不到敌人时，需要一定的时间间隔才能进行第二次打击，因此无法单独承担战役以上规模的作战任务。

远射兵器按照其动力可以分为三种类型：靠人力直接投掷飞行体，除了标枪以外，这种类型的远射兵器大多可以归入暗器；利用弓弦的反弹力发射的弓弩，以及作为飞行体的箭矢（也包括弹弓和弹丸，我们把弹弓归入暗器类）；借助位能的力发射弹丸的抛石机，即古代所谓的“砲”（由于这种兵器主要用于城市攻防作战，因此我们将其归入城市攻防兵器一类）。

标枪也称梭枪，一般是步兵使用的一种投枪。其长度在 1 ~ 1.2 米。使用方法和普通枪、矛相同，也可用来投掷，杀伤敌人。梭枪前端有宽大锋刃和穗，起到箭一样的作用。为了便于投掷，标枪都是做成前重后轻。最大射程因人而异，但是一般都不会超过 50 米。

由于中国早就发明并普遍使用了弓弩，所以投掷类的标枪等并不盛行，只是在南方一些民族中使用得比较普遍。只是在宋代军队里装备过梭枪。另外，中国北方游牧民族也普遍使用标枪类投掷武器。其中，蒙古族骑兵就特别喜欢使用 3 米左右的标枪。蒙古族统治的元朝，以及后来的明、清时代，也都是把标枪作为常规兵器来装备军队的。但是，这一时期火器已经日益成为远射兵器的主流，因此这种靠人力投射的标枪只是作为一种辅助兵器来使用。

总之，标枪在我国历史上并不像古代欧洲那样使用普遍，因此我们只在这里做简要的介绍，下面主要介绍弓弩和箭矢。

弓

弓是一种利用弹力射出弦上的箭，杀伤远距离敌人的兵器。

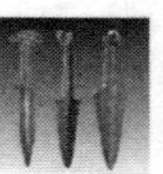

弓

在远射兵器尚未出现的年代里，人类不能靠手中的长短兵器来捕获天空飞翔的鸟，也抓不住奔跑速度很快的野兽。要想捕获比自己强大的猛兽，就不得不冒着生命危险靠近猛兽，才有可能进行有效的攻击。弓箭的发明，确定了人对野兽的优势地位，再没有必要冒着生命危险进行“肉搏战”了。

弓早在石器时代就出现了。它是二万八千年前原始人类为狩猎获取生活食物，将树枝、金属棒弯起来和绳索等绷紧而成。弓通常由干（弓背）、弭和弦三个部分构成。依照干的不同结构，弓又分为简单弓、强力弓和合成弓三个种类。这几种弓，早在中国的古代就使用了，但是在战场上作为兵器来使用的，主要是合成弓。

另外，根据干的形态，又分为直干的直弓和弯曲干的弯弓两种。在简单弓和强力弓中，直弓比例较大，在合成弓中多为弯弓。

弓的大小，在《周礼》考工记中，弓长六尺六寸者，叫作大号的弓，由身材高大的人使用；弓长六尺三寸者，叫作中号的弓，由身材中等的人使用；弓长六尺者，叫作小号的弓，由身材较矮的人使用。弓的最大射程约300米，当然这只是箭的飞行距离，而不是命中目标的有效距离，所以有效距离一般在100米以内。射杀披铠甲步兵弓的有效射程不超过70米。由于是目视瞄准，所以即使是射程再远的弓，一般也是在距敌人100米前后的时候，才开始射击的。

弓的强度，取决于干的反弹力。所说的强弓，约70千克，有射穿铁铠甲的能力。用于实战的弓，其强度最低也要达到35千克左右。强弓，步兵用的约为300千克，而骑兵多使用150千克左右的弓。

在远射武器一族中，弓最突出的优点是发射间隔时间短。按一分钟计，弩为四至六发，鸟铳只有二至三发，而弓一分钟最多可发射十发。而且要想有效击中目标，使用弓更准一些，但必须经过很好的训练。使用弓时，拉开弦后，手不能松劲儿，而且需要保持这种姿势瞄准目标。这一点和拉开弦后不必再用劲儿的弩不同。因此使用弓更需要较强的臂力和良好的技术。尤其是骑在颠簸的马背上拉弓射箭，要击中目标，没有高超的技术是不行的。

弓臂，多用竹子或其他韧性强的木料，加上角、筋、胶、漆而制成。弓的反弹力，是靠木、竹、角、筋产生的。选料时，不能采用春季或夏季采伐的竹或木，因为有虫蛀会影响质量。在北方因为没有竹子，所以只能以木代竹。角，是用胶黏合在弓臂的弦上。筋，使用牛筋，干燥后水浸，最后做成线绳状，并用鱼胶黏合在弓臂的外侧。胶必须使用没有水分并经过充分干燥的，不然就会严重影响弓的质量。在弓臂的中央部位，要缠上桦树皮，便于手握。漆涂刷在弓臂的外表面，不仅增加了各黏接部件的强度，也是作为防水涂料，可防止雨、雪对弓臂内部的损害。

由于弓的所用材料的原因，在干燥的冬季，弓力会增强；而在湿度高的季节，弓力则会变弱。所以，北方游牧民族多半是在弓力最强的时候进行战争。中国的南方多有阴雨连绵的季节，搁置不用的弓，弓力会降低，有时还

会完全损坏，因此要特别注意使弓保持干燥状态。

用来固定弓弦的弓弭，用桑树枝干做成，镶嵌在弓臂的末端，用钉加以固定，以免因反弹力造成脱落或损坏。

弓弦，北方游牧民族多以牛筋做料，中原地区则多使用绢丝。用绢丝做的弦，是把 20～25 根绢丝捻在一起，作为弦芯，再用绢丝缠绕，防止散捆劈裂。在弦两端有环，用以和弭相连。用筋做的弦，不受水的影响；而绢丝弦怕水，所以表面涂有蜡。

弓做好后，再经过十天到两个月时间的充分干燥。干燥后的弓，是否达到了预期的弓力（强力），可用秤砣等物进行测定。

在宋代，七人用九天可做八张弓。可是如果完全由一个人来完成造弓的全部工序，一般需要九天时间。在官办的兵工厂，由于工序分工合理，生产效率当然很高。

弓自有战争以来即成为主要兵器之一。至春秋战国，复合弓技术的普及大大增加了弓身可储存的势能，使人在生理结构容许的拉程内，能将更多力量转化给弓身，射出更快更远之箭。弓的选材形制均有较大改进，王弓、弧弓弓长 131.4 厘米，用于田野狩猎和射飞鸟；唐弓、大弓弓长 119.46 厘米，用于习射。汉代有虎贲弓、周任弓、角端弓、疆弓等，均镶有铜饰或玉饰。唐代分长弓、角弓、梢弓、格弓，分别为步兵、骑兵和皇朝禁卫军所用。宋代有黄桦、白桦、黑漆等弓。元代有“马克打”、“长蛮”等大弓。明代有开元、小梢等弓。清代有桦皮弓等。至 19 世纪中叶被气枪代替。

古人超常的膂力令人惊诧，精锐射手竟能拉开 70 千克的强弓，估计有效射程应在 50～70 米之间，最远射程更是数倍之多。当然这其中也离不开始于商代的扳指的功劳。扳指这项不起眼的发明，却令拉动强弓硬弩得以可行，避免因疼痛降低射速，甚至割伤手指。扳指对射手的意义如此重大，以致骑射起家的清朝王公贵族们，竟最终使其异化成一种首饰。弓是以轻便、快速为特点的，这令其在清中期前始终占据着骑兵远射兵器序列的主力地位，而当火器的发展淘汰了强弩时，弓也仍能扬己所长与火器平分秋色了 400 多年。

知识链接

士兵的保护面具——脸甲

脸甲位于头盔的前部，为防止冷兵器袭击将士脸部，古代使用脸甲。脸甲严密地与头盔连在一起，或者是活动的（可以掀起的脸甲），由钢或铁制成，呈整块瓦片状或鳞片状。法国圆柱形头盔的脸甲就是头盔前墙的延长部分，并且有2个眼孔及1~2个鼻孔、嘴孔。

弩

弩是利用扳机发箭的一种弓。弩比弓射箭射得远，且能发射穿透力大的箭。

弩由臂、翼和机三部分组成。臂，又叫作身，是射击时的手持部位，木制，上面带有放箭用的箭槽，有的还涂上漆，用以防潮。翼，是装在臂前的弓，用韧性好的木料制成，也有用几张竹片予以加强的。机，是用来拉挂弦的装置，安装在臂的后部，机用金属制成，就是在铁被普遍使用以后，也常使用易于锻造和加工的青铜作材料。弦，是由涂上蜡的苎麻绳做成，也有在苎麻上缠上鹅的羽毛之后，再涂蜡来制作成弦的。

弩的部件还有：牙是用来挂住拉开的弦的突起（即机钩）。牙上面的突起，叫作望山，即照门，相当于瞄准用的标尺、准星。也有在上面刻上刻印的。悬刀相当于现代枪的扳机。牛是用来支承牙落下的构件，也是由悬刀支承着。

牙、悬刀、牛，均由螺栓上的栓塞结合在一起，都置于叫作“郭”的金

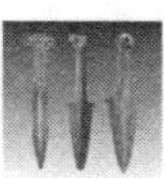

晋代弩机

属箱内。战国时代，弩机也有不带郭的，是把上述各部件直接埋设在弩臂上。

弩的尺寸有多种，但是个人用的弩，以臂长 50 ~ 70 厘米的为多见。翼和臂的比例为 1∶1.2 至 1∶2.5。机的长度为 9 ~ 15 厘米。

弩的强度，是把翼固定于地面，使用带有秤钩的秤拉弦来进行测定的，强度单位使用“石”这个重量单位。“石”这个单位，因时代不同重量也不一样。但是在后汉，出现过高达十石（约 600 千克）的强弩。而六石（约 360 千克）的弩则是最普通的弩。

弩的拉弦（即开弩）方法有以下几种：

（1）脚踩开弩法，是用脚踩住弩，用手拉弦的方法。

（2）腰开弩法，即靠腰劲拉弦开弩的方法。

（3）在脚踩弓拉弦的方法中，也有不直接用脚踩弓，而是利用插脚用的镫把弩拉开的。

弩的射击顺序：

（1）拉弦，用牙固定；

（2）把箭放入臂上的箭槽内；

（3）瞄准；

（4）拨动悬刀，发射。

瞄准，是使安装在望山上的刻印和弩的前端重合一线，瞄准目标来进行的。也可利用瞄准操作所产生的角度，来调整射程。

当扣动悬刀时，由悬刀固定的牛即脱离，失去支承的牛推动牙，弦即把箭弹射出去。

射程最大的弩出于战国时代，达到710米。所谓射程只是箭的飞行距离。实际上，当达到或接近最大射程时，箭的穿透力反而下降，甚至连布也穿射不透。“强弩之末，力不能入鲁缟”说的也就是这个道理。因此，拉弦的开度应小于有效射程，最好在最大射程的二分之一以下。

在唐代要求弓弩手在357米距离，四发两中固定目标。由此可以认为，这个距离就是射击固定目标的最佳有效射程。在战场上，敌人是移动的，瞄准又只能靠自己的眼睛，所以，在射击这种活动目标时，有效射程还应该再短一些，一般以300米左右为宜。如果超过300米，哪怕弩的射程再远，穿透力再强，也很难击中这些活动着的小目标。在战场上，射击固定目标则和有效射程无关，一般在敌人靠近150米左右时就开始射击了。

和弓相比，弩的最大优点就在于射程更远，而且发射速度快，穿透力大。

弩之所以有这样强大的威力，关键在于有足够的拉弦力量。弓，在发箭时要用一定的力来拉弦，而弩在拉开弦后，就不必再用力，并能长时、持续地以强大的力拉住弦。此外，除了用手，还可用脚或腰劲开弩拉弦，这也是出现神臂弩这样一种强弩的重要前提条件。

另外，射手把弦拉开挂在机钩上，把箭装入箭槽之后就能更专心、更准确地阻止和射杀敌人。总之，弩不但射程远、射得准，而且很容易掌握，“朝学可以暮成”，这些都是弓所不能及的。

弩的最大缺点，是在射击过程中，需要较长的装箭时间。就是说，发射箭的间隔时间较长。

根据有效射程（100～150 米）和发射时间（10～15 秒）试算，在射出第一箭之后，到敌人进入射手有效射击位置，只能发射一次至两次。如果是训练有素的骑兵，就会利用两支箭发射间隔这一瞬间，勇敢、迅速地冲入敌人阵地，获得大胜。

为解决弩的这一致命弱点，可采用以下两种方法。一是从战术上来解决的方法。即把弓箭手组成的射击部队，按几个层次来配置，进行所谓没有射击间隔可连续发射的“轮流射击方法”。南宋初期名将吴璘（1102—1167 年）编纂的《叠阵》，就是这种阵法的代表作。这种战斗队形，在最前列是手持长枪（矛）的士兵组成的长枪队，第二列是手拿强弓的弓箭手，第三列则是由强弩射手组成的强弩队，最后再配置上手持神臂弓的士兵。最后一列的神臂弓士兵站立不动，用来狙击敌人的正面进攻。为增强两翼，还配置了骑兵。当敌人接近 150 米左右距离时，先由有效射程最大的神臂弓士兵开始射击。当敌人靠近 100 米时，由持强弓的士兵站起来射击，射击完毕，即蹲下，由后边的强弩队站起进行射击。就是这样，利用配备上不同远射兵器的士兵，轮流不断地连续射击，有效地打击和阻止敌人的进攻。

宋朝的军队，是由发弩（射击）、进弩（传递）和上弩（开弓搭箭），计 3 人组成一组来操纵弩的，并按一定队形布阵，以万弩胜敌。

另一种方法，是改进弩这种兵器的部分结构。这一问题，将在后面的“连弩”中作专门介绍。

如前所述，弩机部件很多，构造复杂。所以制造成本高于弓，而且维修、保养麻烦。

弩和用手工操作的弓相比，有很大不同。弩是靠一种机械力来杀伤敌人

的武器。所以，并不要求有很高的操作技巧。因此，既没有像弓那样有很多传说，也没有名人高手。正因为如此，在历代古典小说中，也从来不把弩作为象征英雄好汉的兵器来加以渲染。

目前虽然还很难确定是谁发明了弩，但是在战国时代的初期，中国军队就已经装备了数量可观的弩。一些传说中说弩是黄帝和蚩尤发明的，而又有的说，是南方楚国琴氏所发明。从这些传说来看，战国时代韩国的弩，就是模仿南方蛮国溪子的弩而生产的。由此可以认为，弩最早起源于中国的南方。

战国时代以后，弩已成为中国军队的标准装备。例如，唐朝军队，20%的士兵装备了弩。尤其是在中国西北部游牧民族的骑兵中，弩的威力得到了充分的发挥。在战场上，用装备有弩的士兵组成射阵，可以有效地阻止骑兵的冲击，而且能在骑兵弓箭射程以外的距离压制敌人。

西汉对强弩的发展影响深远。不但在秦代增大望山的基础上，又添刻度，使弩拥有了稳定的弹道参照，而且随着铜弩郭取代木弩郭，弩身对拉力的承受力也大大增强了。划船器般上弦的腰引弩最高拉力可达370千克，简直到了不可思议的程度，有效射程超过500米，可惜由于实用性不如臂张和踏张，汉代以后就很少使用了。

弩在军事领域的发展得益于复合弓和铜弩机的发明，否则凭其较短的拉程，是无法与弓的杀伤力一较长短的。强弩的特点是又远又准，有时间从容瞄准，但上弦比较费力耗时。根据这些特点，强弩通常被用于防御和伏击，其连续性则依靠几组射手的轮番射击。

东汉末期到三国时代，弩的发展和普及对骑兵产生了很大影响。为了在战斗中不被弩所压制，骑兵的铠甲越发坚厚，甚至战马也披上了厚厚的马甲，由此而出现了重装甲骑兵。

在历代王朝中，最重视弩的是宋朝，弩也成为宋军的主力兵器。当时，弩禁止民间私有，而且在刑罚处理上也比私藏其他兵器要重得多，由此可见弩在宋代所处的重要位置。同时代的辽、西夏、金这些常和宋发生战争的北方诸国，则把重装甲骑兵（铁骑）作为军队的主力以此抵御宋朝的弩。

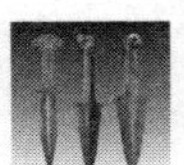

为了能在更远的距离有效地射杀这些披甲戴盔的骑兵，“神臂弓”、“克敌弓”这些威力强大的弩相继问世。

连弩有两种：一种是扣动扳机后，就能把箭连续不断射向敌人的连发式；另一种是能同时发射多支箭的多发式。

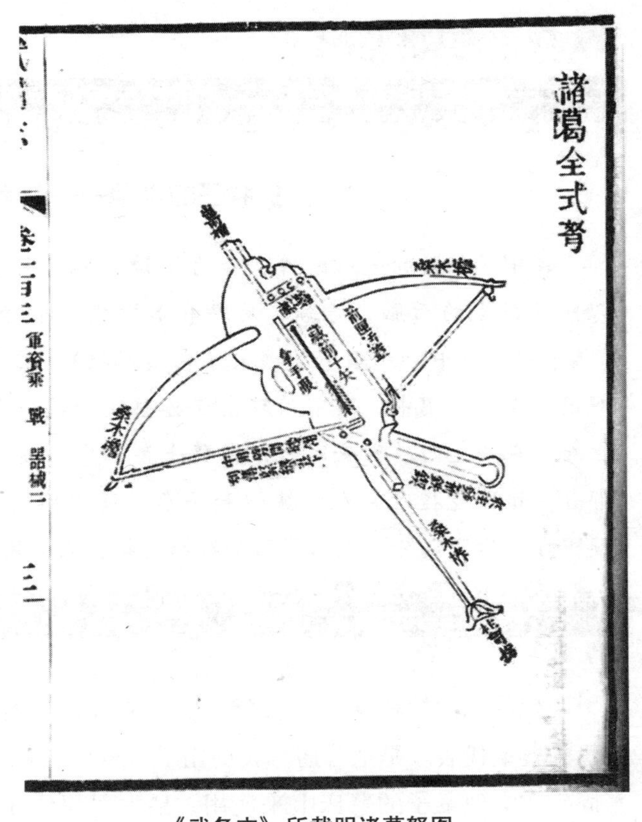

《武备志》所载明诸葛弩图

明代的诸葛弩，一次能连续发射十支箭，是一种具有代表性的连发式连弩。该弩长约 70 厘米，所用的箭比较短，约 25 厘米。诸葛弩的上部有一个可拆卸的“弹仓”，内装十支箭。弓是桑木料，并用三片竹予以加强。为便于装箭，设有一个拉弦开弓的手柄，把手柄向下拉，弦即被拉开，箭同时从“弹仓”落到箭槽内待发。只要操作手柄，就可完成拉弓、装箭、发射一系列动作，所以就能不间断地把箭射向敌人。操作非常简便，但是威力比较小，射程也只有 35 米左右。对身披铠甲之敌，不能构成威胁。宋应星在《天工开物》里只是把这种弩作为防御盗贼（盗贼不穿铠甲）用的，而不是作为战场使用的兵器。为了弥补威力不足，《武备志》的作者茅元仪就改用毒箭，只要射中，就会给敌人以致命的伤害。后来，有不少的守城军队，也普遍使用起这种连发式连弩。

知识链接

保护脖子的铠甲——颈甲

颈甲是护具的一种配件，专为保护颈部使用的。在古代和中世纪，用以保护将士的后脑、脖颈、肩膀和肩胛骨免受冷兵器伤害。在套环盔甲（锁子甲、铠甲）中颈甲呈锁状（金属网状），固定在将士头盔边缘，垂于双肩。在叶片甲中，颈甲用环索连接整块的铁板或者数块金属板制成。中世纪，在马克西米利安时代，在骑士盔甲中，颈甲是防护装备的主要组成部分。颈甲连接叶片甲、披膊和头盔，颈甲按尺寸和武士体形精工制作。颈甲分前后两部分，左面用活动铰链连接，右面用暗扣连接。

明代使用的神臂床子连城弩，是一种由一个人操作能三箭齐发的多发式连弩的典型代表。是把普通弩大型化了（弩臂和人的身长差不多），所以要把弩固定在类似桌子的弩床上来使用。最大射程约500米。这种弩，一般是把几台并排配置起来使用的，充分发挥远射、连发和“火力密集”的威力。缺点是机动性差。明代的神臂弓和克敌弓，和宋代的弩不一样，多是能同时发射二至三支箭的个人用连弩。

据考证，可同时发射几支箭的连弩，最早出自战国时代，而在西汉连弩已用于实战。属于大型的床子弩类的，有《墨子》备高临篇记载的连弩车，在《淮南子》泛论训中也有有关连弩的记述。带有小型“弹仓”的连发式，已有战国时代的出土实物。

继承古代连弩的技术，制造出可个人使用的连弩，并装备军队用于实战的，就是三国时代蜀国军师诸葛亮。诸葛亮部下研制的弩，取名为“元戎”，能够同时（或连续）发射十支长17.4厘米的铁箭。从箭的长度看，不属于多

人操作的大型床子弩，而是由一个人操作的连弩。遗憾的是，有关这种连弩的形状、尺寸等具体情况已无从考证。诸葛亮之所以发明这种兵器，是为了对抗处于优势的魏国骑兵。可以说，这些连弩，就是诸葛亮的“硬件”；而称作“八阵”（八卦阵法）的军队运用方法，则是他的“软件”部分。就这样，当时的蜀国就拥有了一支强大的弓弩部队。其中包括装备有三千个元戎连弩和装备有五千个射程远、威力大的普通弩的两支部队。

连发式的诸葛弩，虽然冠以“诸葛”二字，但并非诸葛亮的“元戎”连弩。而是在考证明代连弩时，借用了元戎连弩这个名称。

床子弩是把普通弩予以大型化，装在发射台（床子）或车辆上来发射箭的一种装置。

北宋使用的“次三弓弩”，为了获得更大的反弹力，不是用 1 个弓，而是把 3 个大弓合并起来使用。拉这样的弓，需要很大的力量，一般需要 30 个人才能把弓拉开。拉弓时，不是用人直接拉弓弦，而是使用带铁钩的绳和装有操作杆的绞车这种“卷绕机”来完成的。弓弦拉开，挂在牙上，然后搭箭。发射箭的时候，用木棒敲打拉弦的牙，即可“一敲即发”。

床子弩的缺点有两个：一是发箭间隔时间长；二是多为固定式，调转方

三弓床子弩

向麻烦。也就是说，用这种床子弩，射击灵活的移动目标比较困难。所以，这种大型弩，不是以射杀个人为目的，多用来攻击和破坏敌人战船、战车或城墙、望楼这些大目标。在攻击敌军士兵时，也不是瞄准某一个人，而是用来对付密集的人群。

这种弩主要用来射击比较大的固定目标，射程很远，很难用眼睛瞄准。所以，最大射程应该和有效射程基本相等才更实用一些。次三弓弩的射程约为 300 米。

床子弩作为一种大型的特殊弩，自然有它的特殊用途。所以，它用的箭也不是普通使用的箭。与其说是箭，倒不如说它是近似于又长又粗的枪更合适，它连箭翎都是用木头或铁制作的。普通弓和弩用的箭，以易折的为好箭，而床子弩用的箭，则是越硬越好。

床子弩使用的一种叫作“踏蹶箭”的特殊的箭，是攻城时专用。这种箭，不是以射杀敌兵为目的，而是以扎进敌人城墙为目的，作为攻城士兵登墙的脚手架来使用。

床子弩使用的箭，是装在一种叫作“斗”的铁箱里，使用床子弩把箭集中理顺，然后进行发射。所以，又把所使用的床子弩称作“斗子弩”，而把箭叫作“斗子箭”。由于发射的箭很多，如同遮天蔽日的乌鸦群一般，故又有“寒鸦箭”之称，对攻击密集的敌人很有威力。

安装在发射台上的大型弩，最早出现在战国时代。在《墨子》备高临篇中，对守城用的这种连弩车就有具体的记述。即是把大型弩安装在一台两轴四轮的箱形车上，车身长度可根据城墙宽度自由调节，弩机是放在铜制的“郭”内。和床子弩一样，拉弓也是使用带手柄的卷扬机。此外，这种车载连弩车，还装备有用来改变瞄准器和发射角度的高度调节机构。连弩车使用的箭，长约 2 米。为了能再次使用，箭上拴有绳子，发射后，可用卷扬机收回。主要操作人员至少 10 人。

在南朝，出现了一种叫作神弩的巨型弩，现已发掘出可以证实这种弩存在的出土实物。根据推算，这种神弩“臂长至少 170～226 厘米，弓的长度

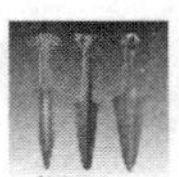

430～540 厘米”。像这样大的弩，只有装在车上或发射台上才能使用。

唐朝的车弩，是把约 760 千克强度的弩装载在车上，可同时发射 7 支箭，中央这支箭特别大，箭镞长 22 厘米左右，箭杆粗 5 厘米，长约 93 厘米，箭全长达一米多。两侧的另外六支箭比较小一些。其最大射程约 1 公里，是攻城使用的一种兵器。

到宋代，床子弩发展到了顶点。从《武经总要》中就能看到当时制造的各种类型的弩。宋朝制造的弩，其特点是装有用来拉弓的绞车，而且是将几把弓组合起来，用以提高反弹力。

在历史上充分发挥床子弩的战例，就是北宋的“澶州之战”。

知识链接

“澶州之战”与“澶渊之盟”

宋真宗景德元年（1004 年）秋，辽国皇帝和萧太后统帅大军南下入侵河北。辽军受到宋军的顽强抵抗，迟迟不能攻占重要据点。十一月中旬，辽军到达澶州（今河南省濮阳西南）。宋朝宰相寇准受命出征，两军主力在澶州形成对峙状态。辽军先锋官——萧太后最信赖的将军萧达兰在外出侦察时，被宋军用床子弩射死。他的战死对战局产生了极大影响，使双方最终签订了停战和约，即“澶渊之盟”。

床子弩在宋代达到最高峰，但是到了南宋末期，由于蒙古人改制的砲（抛石机）和火器的出现，床子弩终于退出了历史舞台。

在一个人操作的个人用弩或弓之中，威力最大的就是神臂弓及由其改良而成的弩。神臂弓虽然名称为弓，其实是弩。

神臂弓有明确的尺寸规格，即臂长97厘米，弓长140厘米，弦长约77厘米。臂为木制，挂弦的弭亦为木制（檀，又称街矛）。弓肩为铁制，发射机构的机是用铜制，弦用麻绳制成。射程约370米，箭可“入木三分”，即使在460米射程，也能穿透两层铠甲鳞片，威力很大。当然，实际的有效射程要小得多，由于是目视瞄准，所以一般有效射程在150米左右。

据沈括《梦溪笔谈》记述，神臂弓是宋熙宁年间（1067—1077年）西夏人李定（《宋史》中称李宏）所发明，是作为贡品献给宋朝的。由于能穿透铁制铠甲，又可一个人使用，深得皇帝赏识，并立即决定把这种神臂弓作为正规兵器武装军队，由政府工厂负责生产。这种兵器所具有的威力，就连敌人也不得不承认。金国的完颜兀术就说：“宋军的装备，可怕的只有两个，但是最可怕的还是神臂弓。”

克敌弓，就是由神臂弓改良而成的。它是宋绍兴五年（1135年）抗金名将韩世忠（1079—1150年）发明的，这种克敌弓也是由一个人操作的，最大射程约553米，有效射程应该是它的五分之三左右，但是，实际上还是在150米以内距离上使用。装甲骑兵进入这个范围，只需一箭就能把敌人射中。

以后，又出现了神劲弓，威力胜过神臂弓。但是缺点是，两箭的发射间隔时间长，大约为神臂弓的三倍。所以，在平原地带使用神臂弓，而在不适合骑兵冲锋的山岳地带则使用神劲弓。

据说，宋朝灭亡后，在元明两代，继承了这种兵器的制造方法，并大量生产。但是，从明朝神臂弓的制造图来看，这种用脚踏发射的神臂弓，实际上是可同时发射二至三支箭的一种小型床子弩。

箭

论及弓弩就不能不提箭，弓弩是力量的来源，箭则是力量的载体，载体的性能对力量的发挥有相当影响。设计成熟的箭，平均长度为70～90厘米，

山西绵山风景区里兵器架上的雕翎箭

通常分为箭头（旧称镞）、箭杆（旧称笴）、箭羽和箭尾（旧称矢筈）部分，箭头是战斗部，箭杆是平衡部，箭羽则是调节部。

箭头长5厘米左右，形状各异。但是不论采用什么形状，重点考虑的只有一点，即射入敌人身体后，不能轻易被拔出，最好使之留于敌人体内。为提高箭头的穿透力，都用钢制成。训练使用的箭头，前端多做成圆形或进行刨缠以免刺入箭靶。

商代的铜箭头已颇阴毒，凸脊、三角形扁翼，当箭头刺入身体后，两翼的倒刺会牢牢钩住合拢的伤口难以拔出，血槽就像吸血蝙蝠般抽出敌人的血液。时至战国，新兴的三棱翼样式更使箭即便拔出伤口也难以愈合，并且相应的血槽增至六个。秦代箭头则提高了致人中毒的铅含量，同时与某些秦剑一样，先进表面氧化铬技术也使箭头历久常锋。

但铜材较难得，秦代已经尝试用铁制作箭头铤部，而随着西汉炼钢业的发达，全铁制的箭头也问世了。早期铁箭头采用铸造，显然是舍不得铜箭头样式的材料，不过随即就发觉其锋利尚不及后者，于是只得改用锻制。锻制的缺点是浇铸而成的复杂造型必须舍弃，改为如铁剑的四棱剑身那般易于打造，但优点更为显著，锻制将使其比铜箭坚韧得多。铜箭退出舞台，其开始与结束都在东汉。第一种锻制铁箭树立了宋代以前铁箭的基本特征——扁平四棱形，这是利于锻制的样式。从魏晋到隋唐，铁箭的分类很简单，发展路线也就是使箭头更硬更长，足以穿透日益精良的铁甲，撕裂敌人的肌肉和骨骼。

箭镞种类的细化始于宋代。这一时期箭的样式更加精细化，像铁脊箭、锥箭等，造型都已脱离扁平四棱形的单调，变得更为专业。

对于箭杆而言，轻而韧的竹、木始终是箭杆的首选材料。在盛产竹子的南方，当然是以竹为料。在北方，则使用柳、桦等木料。竹制箭杆，是破竹削细，后把三至四根为一股，用胶黏合成杆状，然后缠上丝线，再涂上漆而制成。也有不经黏接，直接用竹做的箭杆。木制箭杆，制作简单。打去枝杈，稍加修整后，即可作箭杆使用。箭的末端刻削成带槽状的箭尾，用来挂弦。竹制箭杆，即使经过干燥处理也难免弯曲，木制箭杆干燥就会出现弯曲，所以必须进行特殊加工处理。箭头射入敌人体内，很难拔出。所以，不论用哪种材料，箭杆必须坚硬，不易折断。在整支箭的重量分配上，重心在前五分之二（从箭头算起）处，即为最理想的箭。

战国楚漆矢箙

在箭的末端，用胶黏有 3～12 厘米长的三枚羽毛。箭羽的作用是使箭的飞行和下落都遵循正确角度，从而飞得更远，攻击更加有效。一般使用鸟的羽毛，其中以鹫和鹰的最好，称为“雕翎”；雁、鹅羽为最差。在没有鹫、鹰的中国南方，常使用鹅的羽毛，当然性能远不及前两

种。我国工匠在东周时期就能根据箭杆的浮水状态决定箭羽的安装长度了。

据说，在宋代，三人两天可做 150 根箭。当然也可由一个人来完成全部制作工作。在官办的兵工厂，生产弓、箭，都有专门分工，生产效率很高。

装备弓箭的士兵或箭手，除了随身携带足够的箭以外，还必须带上用以断弦应急使用的备用弓弦。关于一个士兵配备一把弓时，究竟应该带上多少备用弦和箭这个问题，根据唐代李筌的《太白阴经》规定，唐朝士兵应以装备三根备用弓弦和 36 支箭为标准，而且不能是一种箭。具体装备比例是，30 支用以射穿坚甲的透甲箭，4 支生钢箭和 2 支长垛箭。

为防雨雪，士兵还要佩带装弓的弓袋和叫作胡禄或矢箙的箭袋。如前所述，弓和箭都受温度、湿度的影响，弓袋和箭袋就是起保护作用的一种必要装备。弓袋和胡禄，必须使用不透水的皮革或木料制造。

宋代沈括的《梦溪笔谈》记述了许多有趣的矢箙的用途。例如，在晚上或野外宿营时，可用牛革做的矢箙当枕头使用。依靠这种圆筒状的矢箙，还能听见十里以内人马的声音，是一种很好的测音器。

镝箭是一种特殊的箭。这是一种在飞行时能发出声响的箭，故俗称“鸣箭”或“响箭”。用来通知和传递敌人来偷袭，以及偷袭和重点攻击方向等情报。这种有声响的镝箭，有的是通过对箭杆进行特殊加工，也有的是在箭头上做特殊加工，使之飞行时发出声响。

知识链接

战马的钢铁盛装——马铠

古代骑战中，战马是古战场上十分重要的一支生力军，所以保护战马的安全，也是防护的一项重要内容。我国古代用于保护战马的专用铠甲称

为“马甲”或“马铠”。

早在商周时期，车战是主要的作战方式，马甲主要用来保护驾车的辕马。秦汉以后，骑兵成为军队中的重要兵种，马甲又用于保护骑兵的乘马。

这两个时期的马甲在用料、制作工艺和形制上都不相同。商周时期用来保护辕马的马甲，主要是皮质的，面上涂漆，并画有精美的图案。整副马甲分为保护马头及躯干两个部分。秦汉以后，用于保护骑兵乘马的马甲，开始时还有皮质的，主要是用皮革制成的“当胸”。三国以后，就出现了全副铁质的马铠了。南北朝时期出现了重甲骑兵——“甲骑具装”，至此马铠的结构日趋完善，并从此称为“具装”。这种“具装”一般由保护马头的“面帘”、保护马颈的“鸡颈”、保护马胸的“当胸”、保护躯干的“马身甲”和保护马臀的“搭后”“寄生”6个部分组成，使得战马除了耳朵、眼睛、鼻子、嘴以及四肢、尾巴暴露以外，全身都受到铠甲的保护。当时这样一副具装铠接近90斤重。隋唐以后，重甲骑兵日渐减少，但马铠仍是军队中较多使用的防护装具，一直到明清时期，骑兵的战马才不再披这种笨重的马铠。

第四节 防护装具

一、甲胄

铠是古代将士穿在身上的防护装具，也是最基本的一种防护装具，又称甲、介、函。胄是古代将士用于防护头部的装具。其形如帽，又称盔、兜鍪、头鍪等。

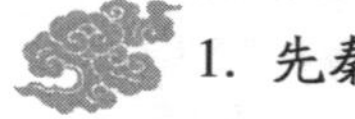

1. 先秦甲胄

原始的铠甲是用藤条和兽皮制成的。

商周时期已开始将整片皮革制成可以部分活动的皮甲。其制法是根据防护部位的不同，将皮革裁成各种不同大小和形状的皮革片，并把两层或多层的皮革片合在一起，然后用绳将革片编联成甲。

原始的胄用藤条、兽皮制成。安阳殷墟出土的青铜胄说明，我国大约在公元前14世纪已经开始使用青铜胄。

春秋战国时期，皮甲胄的发展达到鼎盛。战国皮甲，多以犀牛、鲨鱼等皮革制成，上面由甲身、甲袖和甲裙组成。札甲成为非常成熟的甲式，由表面涂漆的皮片编缀而成。甲身甲片为大块长方形，甲片编缀时，横向均左片压右片，纵向均下排压上排。甲袖甲片较小，从下到上层层反压，以便于臂

部活动。这一时期还出现了铁甲，但数量很少，皮甲仍是主要的装备。《荀子·议兵》中说“楚人鲛革，犀皮以为甲”，表明战国末期楚军仍以皮甲为主。

战国皮甲胄

胄是一种在战场上保护头部的用具，在此前并不见于记载，也未见出土实物。但春秋战国时代一定已经有了，最初也是用十八片甲片编缀起来的。古人戴胄时并不摘冠，而是连冠一并扣在胄下；但是见到尊者必须摘下，露出冠来，这种礼节称为“免胄”。就算是在战场上，如果己方是由臣下领兵，而对方是由国君领兵，也要向对方国君“免胄”致敬。

2. 秦的甲胄

秦始皇陵兵马俑的发现，为我们全面、系统地了解秦代军服提供了第一手材料。

知识链接

秦始皇陵兵马俑

秦始皇陵兵马俑坑是秦始皇陵的陪葬坑，位于秦始皇陵封土东侧约1500米处的东门大道北侧。1974年3月，在陵东的西杨村村民抗旱打井时

无意中发现。1974 年至 1977 年，考古工作者陆续发现 3 座兵马俑坑，分别编号为一号、二号、三号。三坑呈品字形排列。一号坑呈长方形，东西长 230 米，南北宽 62 米，深约 5 米，总面积 14260 平方米，四面有斜坡门道。厅内整齐有序地埋藏着由 210 件武士俑组成的 3 列横队，面朝东方，象征军阵的前锋。其后的 11 条坑道，埋藏着由数千件武士俑和多辆驷马战车组成的 40 路纵队，除位于边沿、担负侧翼与后卫的武士分别面向南、北、西方外，其余 38 路武士及战车一律面朝东方。按已发掘部分的排列密度推算，一号坑埋藏兵马俑总数达 6000 余件。二号坑面积约 6000 平方米，由车兵、步兵和骑兵组成曲尺形军阵。东端四边周廊内有 172 名立射武士，中间 4 条坑道内有 160 名跪射武士，为弩兵阵。南半部 8 条坑道内并排着 8 列战车，每列 8 乘，每乘车后有 2～4 名车士，无徒兵，为战车方阵。中部 3 条坑道内排 3 列战车，每列 6 乘，车后排列有徒兵和骑兵，是车、步、骑的混合军阵。北部 3 条坑道，每条内有两乘战车，其后为 8 队骑兵，每队 4 列，为骑兵阵。四个部分既相对独立，又彼此密切联系，集各军兵种于一个阵列中。三号坑面积 520 平方米，呈“凸”字形状。出土战车一乘，马俑 4 件，武士俑 68 件。坑内陶俑以夹道式排列，表明它是秦军阵的指挥中心。

据文献记载，在战国末期，秦朝军队就已经大量装备坚实精密的金属盔甲。这也是秦国军队战斗力强的一个重要原因。相比之下，秦统一天下以后的军事装备又有了进一步的发展，从秦俑坑出土的陶质模拟品看，全部都是皮革和金属札叶结合制成的合甲，品类完备，制作精密。甲衣由前甲（护胸腹）、后甲（护背腰）、披膊（肩甲）、盆领（护颈项）、臂甲（护臂）和手

秦始皇陵兵马俑——将领俑

甲（护手）等部分组成，各部分均由正方形或长方形的甲片编缀而成，铠甲里面要衬以战袍，防止擦伤身体，且因兵种、身份、战斗需要的不同而各有不同。

将、佐的甲衣则十分讲究。甲的胸、背、肩部分为皮革，腹及后腰的中心部分是金属小札叶；前胸下摆呈倒三角形，长垂膝间；后背下摆平直齐腰。胸前、背后未缀甲片，皆绘几何形彩色花纹，似乎是由一种质地坚硬的织锦制成，也可能是用皮革做成后绘上图案。

骑兵必须便于骑射，其甲衣比较短小，长仅及腹，没有披膊。车御（即驾车人）的臂、手、颈易受攻击，其甲衣在结构上更加复杂，不仅有前甲、后甲，还有臂甲、手甲甚至盆领。

步兵铠甲是普通战士的装束，属于贯头型，衣身较长，穿的时候从上套下，再用带钩扣住固定。由于步兵是作战的主力，最容易受伤害，故此其甲衣多由前甲、后甲和披膊等三部分合成。这类铠甲有如下特点：胸部的甲片都是上片压下片，腹部的甲片则是下片压上片，以便于活动。从胸腹正中的中线来看，所有甲片都由中间向两侧叠压，肩部甲片的组合与腹部相同。在肩部、腹部和颈下周围的甲片都用连甲带连接，所有甲片上都有甲钉，但数量不等，或二或三或四，最多不超过六枚。甲衣的长度前后相等，下摆一般为圆形。

3. 两汉甲胄

西汉时期，铁制铠甲更加普及，并逐渐成为主要装备，这种铁甲当时称

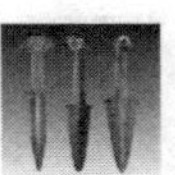

为“玄甲”。在满城汉墓（西汉中山靖王刘胜及其妻窦绾之墓），发现了两千八百多块甲片组成的全副铠甲的兵马俑。当时的铁甲，每副至少几百片，分领叶、身叶、分心叶和腋窝叶等。甲片的形状已不是单一形状，有方形、长方形、扁方形，还有加以修饰的鱼鳞状或龟纹状。

值得指出的是，汉代还是我国武官和军阶制度初步形成的时期。春秋以后，军队规模日益扩大，军、兵种和战略战术也不断复杂，于是出现了一些专门的军事家，形成了实际上的专职武官。区别官兵身份的不仅是服饰，还有军服上的徽识。军服上标出徽识在先秦时代已有制度。汉代的徽识，主要有章、幡和负羽三种。章的级别较低，主要为士卒所佩带，章上一般要注明佩带者的身份、姓名和所属部队，以便作战牺牲后识别。幡为武官所佩带，为右肩上斜披着帛做成的类似披肩的饰物。负羽则军官和士卒都可使用。

4. 魏晋南北朝甲胄

魏晋南北朝时期频繁的战争，虽然促使战略战术得到发展，但给社会经济生产造成的破坏却极其巨大，因此在武器装备方面与汉代相比并没有明显的进步。

清代错银头盔

魏晋时期出现了铁制筒袖铠。这是一种胸背相连、短袖的铠甲，用鱼鳞形甲片编缀而成，外形与西汉的铁铠很相似，穿着时要从头上套穿。这种筒袖铠坚硬无比。

魏晋时期的胄基本沿袭东汉的形制，胄顶高高地竖起，配有缨饰。

铠甲方面流行布制或革制的两裆铠。这种铠甲长至膝上，腰部以上是胸背甲，

有的用小甲片编缀而成，有的用整块大甲片，甲身分前后两片，肩部及两侧用带系束。这种铠甲一直使用到唐代。另有保护头部的兜鍪、胄、盔等。戎服和铠甲外均束带。

除两裆铠之外，还有“明光铠”。这是一种十分威武的军服，其特点是在铠甲的胸背的两侧装放两块圆形或椭圆形金属护镜，与其相配，必须穿宽体缚裤，并束宽革带。这种铠甲外形完整，使用效果极好，久而久之便取代了两裆铠。

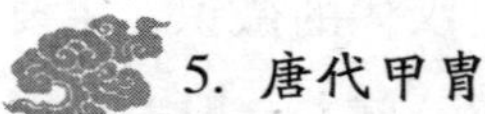

5. 唐代甲胄

唐代的铠甲，据《唐六典》记载，有明光、光要、细甲、山文、乌锤、白布、皂娟、布背、布备、皮甲、木甲、锁子、马甲十三种。其中明光、光要、锁子、山文、乌锤、细鳞甲是铁甲，后三种是以铠甲甲片的式样来命名的。皮甲、木甲、白布、皂娟、布背，则是以制造材料命名。在铠甲中，仍以明光甲使用最普遍。

唐初，由于阶级矛盾比较缓和，国家的统治比较稳固，社会经济恢复和发展较快，因为战事减少，用于实战的铠甲和戎服基本保持着隋代的样式和形制。到唐武德中期，在进行了一系列服饰制度改革的基础上，军服逐渐变得具有唐代的鲜明特色。此时唐军戎服仍以皮甲和铁甲为主，除了传统的皮甲仍发挥着作用以外，在铁甲中又细分为两裆铠、明光铠、细鳞铠和锁子铠等，制作十分精良。

两裆铠的结构比前代有所进步，形制也有一些小的变化。原来仅覆盖前胸的鱼鳞状小甲片编制，长度已延伸至腹部，取代了原来的皮革甲裙。身甲的下摆为弯月形、荷叶形甲片，用以保护小腹。这些改进大大增强了腰部以下的防御。明光铠的形制基本上与南北朝时期相同，只是腿裙变得更长。隋代戎服为圆领长袍。唐代编缀甲片的方法也有所发展，更多地采用皮条穿连或铆钉固定的方法。

贞观以后，进行了一系列服饰制度的改革，渐渐形成了具有唐代风格的

穿盔甲的士兵

军戎服饰。高宗、则天两朝，国力鼎盛，天下太平，上层集团奢侈之风日趋严重，戎服和铠的大部分脱离了使用的功能，演变成为美观奢华、以装饰为主的礼仪服饰。特别是出现了为武将们仪仗检阅或平时穿用的绢布甲，这种以纺织原料制作的轻巧精美的黑色甲衣（有称“皂衣”），外观十分美观，但无实际的防御意义。此甲形制的出现，反映了唐代太平盛世的时代特点。“安史之乱”后，重又恢复到金戈铁马时代的那种利于作战的实用状态，特别是铠甲，晚唐时已形成基本固定的形制。

在唐宣宗时期，有一位官吏发明了以纸做甲，“纸甲用无性柔之纸，加以垂软，叠厚三寸，方寸四钉，如遇水雨浸湿，铳箭难透”。纸甲极为奇特，是应急之物，由于质轻容易携带，故便于推广。

五代时期基本沿袭唐末制度，明光铠基本退出历史舞台，铠甲重又全用甲片编制，形制上变成两件套装。披膊与护肩连成一件；胸背甲与护腿连成另一件，以两根肩带前后系接，套于披膊护肩之上。另外，五代时期继续使用皮甲，用大块皮革制成，并佩兜鍪及护项。

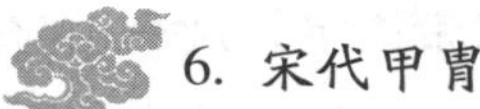

6. 宋代甲胄

宋代的铠甲有皮制和铁制的两种。开始的铠甲只有表皮没有衬里，穿用时与皮肤接触容易磨伤，后用绸做衬里。宋铠比隋唐铠又增加了许多名称，比如钢铁锁子甲、连锁铠甲、明光细网甲、金装甲、长短齐头甲、黑漆濒水山泉甲、明举甲、步人甲等数种。据《宋史·兵志》记载，宋代一套铠甲的总重量达45斤至50斤，甲叶有25片，制造时费工作日120个，花用经费三

贯半。

根据宋绍兴四年（1134 年）的规定，步人甲由 1825 枚甲叶组成，总重量近 60 斤，同时可通过增加甲叶数量来提高防护力，但是重量会进一步上升。为此，皇帝还亲自赐命，规定了步兵各兵种的铠甲重量。但尽管如此，单以重量而言，宋代步兵铠甲还是中国历代铠甲中最重的。

此外，根据《梦溪笔谈》记载，北宋年间，西北青堂羌族还善于制造一种瘊子铁甲，铁色青黑，甲面平亮，可以照见毛发，在五十步之外，以弩箭射击，铁甲面不会有一点损伤。

南渡之后，南宋小朝廷一直处于孱弱状态，根本无心顾及军备生产，铠甲制造技术开始进入停滞状态。当然，造成铠甲停滞的另一原因是火药的发明。南宋时火药的杀伤力已有很大的提高，铠甲在战争中的防御作用越来越小，尽管以后还使用了数百年，但已不像以前那样受到重视了。

厢军是地方州县军，军服和铠甲的装备都比较差。他们的军服衣身长短不一，紧身窄袖。所着的甲胄是仿战将的样式，不用皮或铁做甲片，而用粗布做面，细布做里，然后在甲面上用青、绿颜色画出甲片形状。

7. 辽金夏元甲胄

据《辽史》记载，辽在契丹国时，军队就已使用铠甲，主要采用的是唐末五代和宋的样式，以宋为主。铠甲的上部结构与宋代完全相同，只有腿裙明显比宋代的短，前后两块方形的鹘尾甲覆盖于腿裙之上，则保持了唐末五代的特点。铠甲护腹似乎都用皮带吊挂在腹前，然后用腰带固定，这一点与宋代的皮甲相同，而胸前正中的大型圆护镜，是辽代特有的。辽代除用铁甲外也使用皮甲。契丹族的武官服装分为公服和常服两种，样式没有明显不同，都是盘领、窄袖长袍，与一般男子服饰相同，可能常服比官服略紧身一些。这两种都可作戎服。

金代早期的铠甲只有半身，下面是护膝；中期前后，铠甲很快完备起来，铠甲都有长而宽大的腿裙，其防护面积已与宋朝的相差无几，形式上也受北

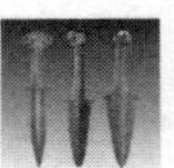

14 世纪阿拉伯绘画中的蒙古骑兵

宋的影响。金代戎服袍为盘领、窄袖，衣长至脚面；戎服袍还可以罩袍穿在铠甲外面。

西夏武士所穿铠甲为全身披挂，盔、披膊与宋代完全相同，身甲好像两裆甲，长及膝上，还是以短甲为主，说明铠甲的制造毕竟比中原地区落后一些。

蒙古主力军全部是骑兵，组织严密、装备精良，而且还配有火器，尤为突出的是甲胄。元代铠甲的种类有柳叶甲、铁罗圈甲等。其中铁罗圈甲内层用牛皮制成，外层用铜铁丝缀满铁网甲片，甲片相连如鱼鳞，箭不能穿透，制作极为精巧。另外还有皮甲、布面甲等。

8. 明朝甲胄

明朝建立之初就重视发展军工生产，提高火器和铠甲制造的水平，不断加强国防力量。

明军戎服大体与宋、元时期相同。只是盔、甲、护臂等全副武装，质地上大多采用了钢铁，技术十分先进，种类繁多，因此比较前代又进一步。

史料记载，明式军衣上衣是直领对襟式，也有圆领形式，制作比较精致，以衣身长短和甲片形制取名，如鱼鳞甲、圆领甲、长身甲、齐腰甲等。头盔的名目繁多，大体分为便帽式小盔、可插羽翎较高的钵体式和尖顶形三种类型。明代兵士着罩甲，是一种对称的“号衣”，头上包扎五色布扎巾，这种形制在明初时只限骑兵穿用。

明代军士作战用兜鍪，多用铜铁制造，很少用皮革。将官所穿铠甲，也

以铜铁为之，甲片的形状，多为“山”字纹，制作精密，穿着轻便。兵士则穿锁子甲，在腰部以下，还配有铁网裙和网裤，足穿铁网靴。

明代军人在穿戎服时，既可戴盔甲，又可戴巾、帽、冠。帽为红笠军帽。冠有忠静冠、小冠等。

9. 清代甲胄

清代的甲胄与前代均有所不同，虽也按上衣下裳分开，总的来说仍依传统形制，但其配置与满族旗装紧密相连。清代一般的盔帽，无论是铁或皮革制品，都在表面髹漆。盔帽前后左右各有一梁，额前正中突出一块遮眉，其上有舞擎及覆碗，碗上有形似酒盅的盔盘，盔盘中间竖有一根插缨枪、雕翎或獭尾用的铁或铜管。后垂石青等色的丝绸护领、护颈及护耳，上绣有纹样，并缀以铜或铁泡钉。

意大利传教士、清宫廷画家郎世宁绘《乾隆戎装像》，故宫博物院藏

铠甲分甲衣和围裳。军中将领的服饰是，上身甲衣以马褂为基本式样，衣身宽肥，袖端是马蹄袖，甲衣肩上设有左右两块用带联系的护肩，腋下有护腋，胸前后背各有一块金属护心镜，镜下前襟底边有一块梯形的护腹“前裆”，左边缝上同样的一块“左裆”。右侧不佩裆，留作佩弓箭囊等用。

军服的下身是“裳”，此“裳”由于不是筒形，而是左右两片，故用围穿形式，称为“围裳”。围裳分为左、右两幅，穿时用带系于腰间。在两幅围裳之间正中处，覆有一块质料相同、绣有虎头的蔽膝。此外镶边还

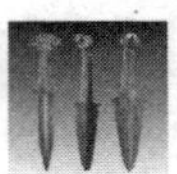

代表了八旗各自的标志。这种八旗甲胄，用皮革制成。后来这种甲胄仅供大阅兵时穿用，平时则收藏起来。清代除满八旗外，在蒙古设蒙古八旗，在汉族设汉八旗，参加大阅兵的实为二十四旗。

知识链接

郎世宁

郎世宁（1688—1766 年），原名朱塞佩·伽斯底里奥内，意大利米兰人。青年时期受到系统的绘画训练，很年轻的时候就加入了耶稣会。在他二十多岁的时候（1714 年，即康熙五十三年）以传教士的身份远渡重洋，到达当时被葡萄牙占领的澳门。上岸后，朱塞佩开始学习中国礼仪、熟悉中国的文化，并取了中国名字——郎世宁。不久，他从澳门转到广州。当时的广东巡抚知道来华的欧洲人中有位画家，就上奏康熙皇帝，康熙皇帝很高兴，下旨请他到北京来。郎世宁到了北京之后很快进入宫廷，成为一名很重要的宫廷画家。直至去世，他的后半辈子都是在中国度过的。他为康、雍、乾三代清朝皇帝画了多幅表现当时重大历史事件的画作，以及众多的人物肖像、走兽、花鸟画作品，还将欧洲的焦点透视画法介绍到中国，协助中国学者年希尧完成了叙述这一画法的著作《视学》，并曾参加圆明园西洋楼的设计工作，成为当时东西方文化交流中的重要代表人物。1766 年 7 月 16 日（清乾隆三十一年六月初十），郎世宁在北京病逝，终年 78 岁，安葬在北京欧洲传教士墓地。

盾牌

盾是古代士兵手持的防护装具，用以抵御敌人射来的矢石，使其锋刃的杀伤力加以消耗或使之产生偏导；此外还可以作为助攻武器。在我国古代，盾又称干、牌、盾牌、彭牌、旁牌等。

原始的盾牌相当简陋，大抵是用自然生成的藤条、木条和坚韧的兽皮，经过简单编缀而成，具有一定的防御作用。由于木、皮盾表面需要涂漆以防潮腐，便逐渐产生了精美的盾面图案。

在安阳殷墟曾发现有商代盾的残物，呈梯形，盾面微凸，高度不超过1米，宽60～80厘米，内以木框为骨干，表面蒙覆多层织物和皮革，并在其上涂漆绘纹。西周步兵使用盾面蒙皮的狭长盾，可以连锁竖盾组成防御屏障，利于防箭和维持阵列；车兵使用盾面蒙皮的窄短盾，又称车盾。

对于盾来说，防护最大的威胁是正面刺击。因为刺的力量足以在攻击点上聚集起高达数百公斤的压力，是刀剑劈砍无法企及的。因此时至战国，用于近战的双弧形方盾就盛行起来，弧形盾有利于分解刺的力量。春秋战国时使用圆形旁牌，牌面中央外凸，背面有握把。

盾牌

秦汉时期开始使用铁盾。随着骑兵的兴起，西汉还出现了椭圆形盾牌，骑兵可以单手举着抵御攻击。但到了魏晋南北朝，由于骑兵的人马均披甲上阵，所以一般不用盾。这段时期是盾发展历

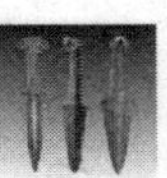

史上的低谷。但步盾经过改革和发展，到东晋南朝开始盛行一种很长的六边形盾，这是双弧形方盾的改进版，整个盾面纵向内弯，就像一片叶子。作战时不仅可以手持，还能将底部尖角插在地上，用棍支起，解放士兵的双手，增强防御的机动性。

唐代军队把盾称作彭排。据《唐六典》记载，唐军使用的盾有膝排、团排、漆排、木排、联木排、皮排，合称“唐六排”。宋代称盾为旁牌，它们都用坚木制成，牌面蒙有皮革。步兵旁牌较长大，上尖下平，中间有几道横档，背面安有戗木，可用它支立于地上。骑兵旁牌为圆形，面积较小，背面有套环，作战时将其套在左臂上并绑住，用以抵御矢石。西夏军和蒙古军也创制了几种名盾。西夏军使用的毡盾，盾面蒙有毛毡，防御性能较好，在野战和攻守城战中都能使用。元世祖忽必烈曾组织人员制造一种折叠盾，用时张开，行军时折叠易带。

明代以后，盾的演变仅限于形状上略微的改变。只有明代的火牌较为新颖。所谓火牌就是同火器配合使用的盾牌。它在盾牌背面可藏燃烧性火器、神机箭与火枪，兵盾结合，攻防兼备。其战法一般是步兵小组跟随火牌徐徐推进，猛然间火器齐发，随即冲出盾牌，一拥而上制服敌人。清代仍沿用明代步兵盾牌，直到清末才最后弃用。

知识链接

战马的防护装具

最后我们简要说一下战马的防护装具。我国古代商周时期已经开始给马匹装配战甲。但这种甲主要是用于保护驾车辕马的头部和躯干。到了秦代和西汉时期，长于驰突的骑兵已成为军队的一种主要兵种，人们为了保护

战马的身躯，便开始制造能够覆盖马匹全身的专用马甲。

到东汉时期，具有防护作用的马甲便得到了进一步的推广。三国时期，又发展成为配套使用的马铠。南北朝时已使用铁片或皮革制成的具装铠，使马铠发展到比较完善的阶段。这种具装铠由面帘、鸡颈、当胸、马身甲、搭后、寄生等六部分组成。分别保护战马的头、颈、胸、躯、臀、尾六处。宋代的具装铠去掉了寄生。

少数民族的战马也披有马甲。辽和西夏军战马披着的是铁制马甲。金军的骑兵，人着铁甲，马披铁制具装铠。其中兀术本人统率的4000 牙兵被称为“铁浮图”。他们在战场上驰骋纵横，使宋军吃了很大的亏。明清时期，由于火绳枪炮的大量使用，枪弹和炮弹的穿透力，使战马的防护装具成为可有可无之物。

第五节 特种兵器

软兵器

所谓软兵器，其实是相对于“硬兵器”而言的。一般来说，软兵器可以折叠或缠绕，携带方便，且善于变向，攻击方式刁钻，可以出奇制胜使敌人

摸不着头脑，我国古代软兵器仅有少数用于正式的战场，多数则用于武术界。其中常见的主要有连枷棍、三节棍、九节鞭、皮鞭、绳镖、流星锤等。下面依次介绍。

1. 连枷棍

连枷棍

连枷棍，又称梢子棍、铁链夹棒，这是一种类似农家打麦农具连枷的特种兵器。其形制就是在棍的基础上多了个梢子头，和长棍之间以铁链相连。这种兵器除了可以使用棍术的技能外，还可以用手甩动长棍，铁链系扣的梢子头随之甩动，拍砸敌人，因此同时有拍击和打击两种功能，可以转变角度，从多侧面进行打击，较直棍方便。

连枷棍威力极大。如果长棍短一些，就成了手梢，可单手使用，甩出棍梢劈扫弹抽，打击力大，且不震手。并且连枷棍的两节一长一短，所以丝毫不用担心梢头弹回来打着自己，只管抽敌。因此连枷棍曾作为骑兵的打击类武器之一。

2. 三节棍

三节棍是将三节短木棍用铁环连在一起，可收可放，夭矫多变。三节棍非常灵活，既可以持握三节的任意两节挥舞，也可握住中节或梢节挥舞，且变换迅速。对敌时，如果距离近，则手持前后两端，就像握着两根短棍，劈砸戳刺；中距离则握中端和后端，劈扫抡抽；如果距离远了，则握其后端，劈扫敌人。三节棍的好手能根据战局需要随时调整距离，不断变换攻击手段，

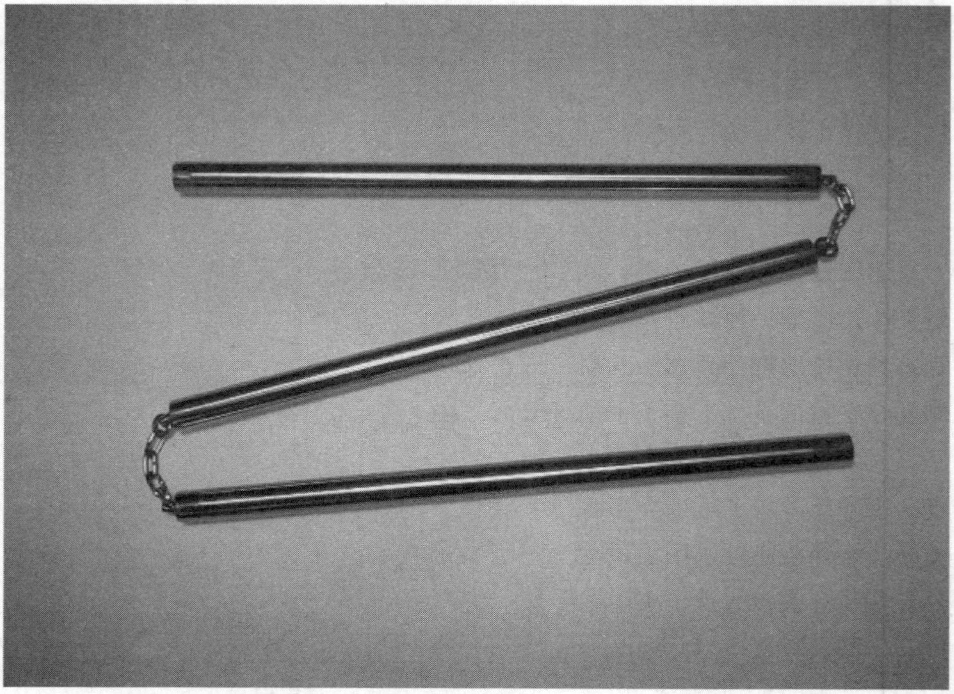

三节棍

令人防不胜防。

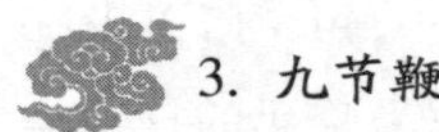

3. 九节鞭

九节鞭并不限于九节，它是由多节细钢棒或细铜棒连缀在一起，因此也可以根据实际情况称为七节鞭、十三节鞭等。就像铁链子，总长度略次于身高，收起来一小撮，便于携带；放出去扫一片，动作以缠绕和圆抡为主。一旦抡起来，就像是一根铁棍子扫向敌人。

近战时，九节鞭可以折叠起来抽打敌人，还可以像绳子一样绞缠敌人的兵器和身体。有些九节鞭的鞭把装有尾刺，近战时可以当匕首扎刺敌人。九节鞭还有个经典杀招，叫抖鞭，就是将鞭抖起来甩头，顺劲将鞭头甩向目标，将目标击穿。这一手不好练，练好了很可怕。

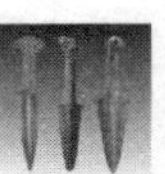

九节鞭目前仍很流行，演练者多在鞭的两端系上绸块，抡动时可呼呼作响，以增添观赏性。

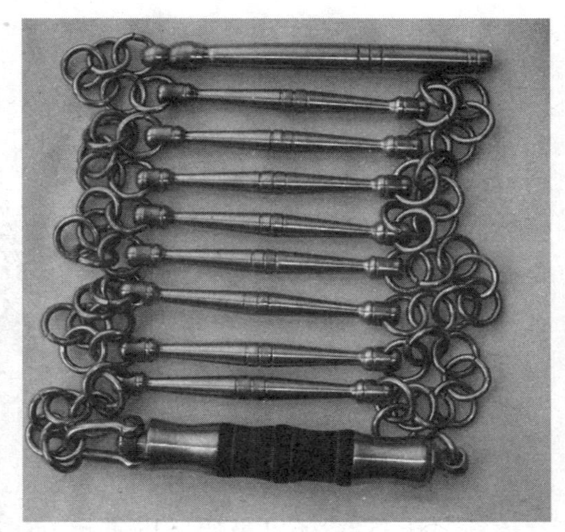
九节鞭

4. 绳镖

绳镖是将金属镖头系于长绳一端制成的。镖头的形式不止一种，有三棱形的，有圆筒形的，有五棱、七棱的，随练习者的意愿而定。但无论属于哪种形式，功用完全相同。最普通的是三棱镖。镖头一般由纯钢制成，长五寸至七寸，重约九两。镖身为三棱形，头尖尾宽。尾部呈正圆，有一个铁环扣在后端，用绵软坚牢的绳系在环上，长二丈至三丈。另外备一根竹管，穿在绳上，竹管的粗细刚好用手握满，长约四寸。带镖时将绳镖拗折为四下，竹管和镖相衔接，将四折的绳缠在腰间，用活扣扣上，看似把自己捆得五花大绑，其实都是活扣。绳的末端靠左腰，镖头与竹管悬在右腰下，以便仓猝应变时可以俯视，便于出手。现代武术运动中使用的镖头长十二厘米至十六厘米，绳索为演练者身高的两倍或两臂侧平举长度的两倍，并在响环绑上小方彩绸作为装饰。

绳镖在临敌之时只须抽开活结，左手握住绳的末端，右手握住竹管，镖就可以应手而出了。既可掷抛远击，又可缩短近击，具有携带方便，收缚隐蔽，打击突然，猝不及防等特点。演练绳镖时，可以运用身体各部位做缠绕收放的各种动作，使镖由圆周运动瞬间变为直线运动时应手而出。绳镖的使用方法以缠、绕、抡、击、抛、扫、摆、收、放、背、担为主。绳镖可以通过绳索从手上打出去，还能以绳索借力变向从肘、肩、膝、腿、脚等部位打向目标。

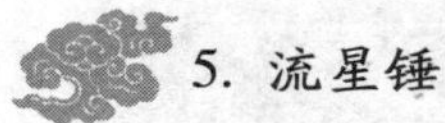

5. 流星锤

流星锤

流星锤是一种以绳索一端系住锤体，另一端握于手中，用力向目标抛击的兵器，又名飞锤。流星锤由锤体、软索、把手三部分组成。锤头形状各异，有浑圆头形、瓜形、梭形。锤身大如饭碗，重量依用者体力而定，一般为4斤至5斤。锤身末端留有象鼻眼，以蚕丝、人发、鹿脊筋编成的软索系在铁环上。软索粗如手指，长800厘米。流星锤的使用方法有缠、抛、抡、扫等，使用时可以巧妙地把绳缠绕在自己的腰身、胸背、肩肘、手腕、大腿、小腿上，然后抖手放开，抛击出去。

流星锤是由远古狩猎工具“流星索”发展而来的，后作为兵器用于战斗。战国时代水陆攻战图上就有双手施放流星锤，以袭击敌人的形象。清代民间跑江湖卖艺人，常使用流星锤“打场子”。流星锤不仅能缠住对方，还可以击打对方。四川民间流行着一首歌谣：“流星、流星，专打鼻子，不打眼睛。”

暗器

所谓暗器，也就是便于携带、不引人注意的兵器。暗器一般形体小、容易隐藏，因此一些形体较小的远射兵器和软兵器几乎都可作为暗器来使用；大一点的短兵器也可以改造成带有伪装暗器的兵器。

按用途分，暗器可分为暗杀和护身两大用途，两者互有交叉，二用兼备。暗器的携带者通常很容易接近暗杀目标，一旦将暗器涂上毒药，或为了在漆黑夜晚使用涂以黑色，即可成为专用的暗杀武器；且由于暗器能在敌方无警戒的状态下携带，所以一旦有事的时候，还可作为护身兵器来使用。

总的来说，所有平时使用的工具、农具、食用器皿，均可作为暗器使用，关键在于如何使用和训练而已。而这些一点也不引人注意的日常用具，比正统的暗器更具“奇袭效果”，反倒是最可怕的暗器。当然，即使是同样的日常用具，作为暗器使用时，威力也因人而异，而且还需要进行奇妙的伪装。

暗器的用法和练法，多半是在自己的流派内秘传，有时就连暗器的外形、名称都是绝对保密和不轻易外传的，更不会把用法和练法写成书公之于世。暗器几乎都是采用口传方式进行秘传的。这样做，一是为了防止暗器的滥用，二是为了保持暗器“奇袭效果”这种最大（也是最根本）的威力。

1. 匕首

匕首实质上是一种双刃的短剑。包括柄在内，全长30厘米左右，据说汉代的匕首长达40.5厘米。在诸多暗器之中，出现得最早，使用时间最长，效果最好的暗器之王，就是匕首。

在战国时代以后，已经使用钢作为制作匕首的材料，在此之前多为铜制的。锋刃是用来刺杀对手的部分。匕首可用单手或双手握着使用，是一种近战使用的武器，但是也可用投掷的方式来杀伤敌人。

匕首虽然是一种比较短小的武器，但是要想使敌人不察觉，接近到有效的范围，还是很困难的。这就要求刺客有极好的隐蔽技巧。据历史记载，专诸刺杀吴王僚的时候，是把匕首藏在烧鱼中来接近目标的；而荆轲欲刺秦王政（后来的秦始皇），则是把匕首藏在卷成卷的地图里面。

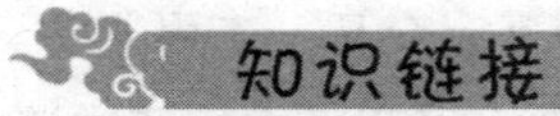

知识链接

春秋战国四大刺客

所谓“四大刺客”，指的是专诸、要离、聂政和荆轲。

专诸是春秋时期吴国人，家住阳山之野，靠为人屠猪维持生计，当时伍子胥隐居于此，与其交好。后来，吴公子光欲刺其兄吴王僚，来见伍子胥，请其荐一勇士，伍子胥荐了专诸。为了刺杀吴王僚，专诸于是隐太湖学治鱼三月。藏鱼肠剑于鱼腹，成功地刺杀了吴王僚。公子光谋成王位，即吴王阖闾。

要离是春秋时期吴国人，因其折辱壮士丘迕，被推为天下勇士。自吴王僚死后，阖闾立国，公子庆忌逃往艾城，招纳死士，结联邻国，欲待时乘隙，伐吴报仇。因此阖闾日夜忧虑。时伍子胥又荐羸弱体细的勇士要离刺杀庆忌。要离献计残身灭家，取得庆忌信任，终于成功刺杀了庆忌。

聂政是战国时期魏国人，原居轵地深井，因得罪乡里，带母及其姐窘避居齐国都城临淄，乃吴起好友。后吴起因私利将其荐给豪富严遂，聂政到达韩国都城平阳后，成功地刺杀了忘恩负义的韩相国侠累。

荆轲是战国末期卫国人，喜好读书击剑，为人慷慨侠义。后游历到燕国，被称为“荆卿”（或荆叔），随之由燕国智勇深沉的“节侠”田光推荐给太子丹，拜为上卿。秦国灭赵后，兵锋直指燕国南界，太子丹震惧，与田光密谋，决定派荆轲入秦行刺秦王。荆轲献计太子丹，拟以秦国叛将樊於期之头及燕督亢（今河北涿县、易县、固安一带，是一块肥沃的土地）地图进献秦王，相机行刺。太子丹不忍杀樊於期，荆轲只好私见樊於期，告以实情，樊於期为成全荆轲而自刎。公元前227年，荆轲带燕督亢地图和

樊於期首级，前往秦国刺杀秦王。临行前，许多人在易水边为荆轲送行，场面十分悲壮。“风萧萧兮易水寒，壮士一去兮不复还”，这是荆轲在告别时所吟唱的诗句。荆轲到秦国后，秦王在咸阳宫隆重召见了他。荆轲在献燕督亢地图时，图穷匕见，刺秦王不中，被杀。

把毒药涂在匕首刃上，往往可置敌人于死地。荆轲为了刺杀秦王政所用的匕首叫“徐夫人匕首”，这是一种很有名的上等匕首。为了刺杀成功，是经过染毒特殊加工的剧毒匕首。据说只要被这种匕首划破皮肤，就会见血封喉，即刻置人于死地。

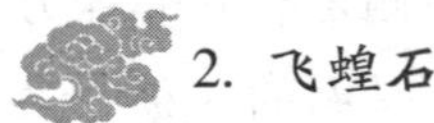

2. 飞蝗石

所谓飞蝗石实际上只是一块块小石子，不需要任何加工，信手而拾，信手而发。但是，飞蝗石在选取和使用上却是要下番功夫才行，要选取适合投掷的形状。因其形状和扔出去空中飞行的样子，很像蝗虫，故此得名飞蝗石。

飞蝗石也可以算是人类最早发明的投射兵器，就是石块。即使在现在，手无寸铁的暴徒在和警察、治安队格斗时，也使用投石。由于这种武器有效而廉价，所以才成为久盛不衰、寿命最长的武器。

与飞蝗石同一类型的是铁弹，这是一种需要特殊加工的投射兵器，是靠手或手指的力量来发射的一种不带锋刃的球状铁制的弹丸。铁弹是一种不以杀伤敌人为目的的护身武器。形状似球，没有锋尖锋刃，便于携带。有的涂上黑色，以提高夜间使用效果。

在历代武侠小说中，有许多使用小石子的武林高手。《水浒传》中，使用称作“没羽箭”的这类石子的高手，有张清和他的妻子琼英。此外，还有

《封神演义》中，手使五色石的女将邓婵玉，以及能一次发射数块石子的龙须虎，据说他发射的石子，似蝗群一般，甚是厉害。

3. 钢圈

钢圈是一种直径24～30厘米的金属环。在实战中，还有圈外侧带有利刃的乾坤乌龟圈，和内侧带月牙状锋刃的日月乾坤圈。

在打击敌人时，可用手握着圈当拳头使用。外侧带刃的，可充分利用刃的各种形状来斩、刺敌人，还可用圈的内侧来封阻敌人的兵器。内侧有刃的钢圈，用来斩、削敌人兵器的柄和手。外侧有突起锋尖的，还可作为投掷武器来使用。

圈原本是跳舞时使用的一种小道具。外侧光滑无刃的圈，是印度的一种投射兵器，所以，圈这种暗器很可能是从印度传到中国的。

实战使用的圈，内外侧的刃是各种各样的。其中，攻击和防御能力都很强的鸡爪鸳鸯钺就是典型的代表。这是一种在握手部左右两侧带有外伸锋刃的钢圈。带有这种刃的兵器，通常叫作钺或锐，但是它无疑是圈的一种。除

清代乾坤圈图样

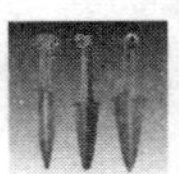

了上述圈的用法之外，带有这种外伸锋刃的圈，不仅可用来防御敌人的攻击，而且还能进行刺、斩。当然，这种圈不能作投掷兵器使用。

小说《封神演义》中的哪吒太子使用的乾坤圈，就是典型的代表。乾坤圈为金属制成，主要是投掷使用。把乾坤圈掷出去，如果击不中敌人，就会自动回到使用人的手中。乾坤圈威力很大，龙王部将夜叉和龙王太子，都是死于哪吒的乾坤圈。

4. 飞爪

飞爪是在系绳上拴有手掌大小的铁制钩爪的一种暗器。飞爪全长约6米，有效杀伤范围3米左右。飞爪上有许多伸缩自如的关节，飞爪百链索或带有两个爪的双飞爪，都是此种兵器。除了一根拴飞爪的索绳而外，还有一根由铁环牵连的软绳。

在飞爪之中，有如同龙爪一样的龙咤，还有爪似梅花的梅咤，此外，还有只一端有爪的飞爪。

这种暗器，不但能杀伤敌人，还能擒拿敌人。一旦命中目标，锋利的爪尖就会深陷入肉，或钩住锁甲、衣服等物，使敌人难以摆脱。此外，也常用来攀越高墙等障碍物。

一般认为飞爪这种暗器在明代被发明，但是在北宋的《武经总要》中曾有飞钩的记载，也许就是飞爪的前身。飞钩是一种守城用的兵器，也是在带有铁环的钩爪上系以软绳的暗器。使用这种飞钩，可以从城墙上抓钩住攻城敌人的装备以擒之。

5. 飞镖

飞镖又称脱手镖，靠腕力直甩而发。镖身有棱状和棒形等多种。不论哪种镖形，尖部都锋利无比。镖长7～14厘米，重150～260克。长短、重量亦依人而别，并不都在此限之内。为使甩出的镖飞行稳定，在镖身末端扎有红绿绸，即镖衣，用以鼓风乘势，犹如箭羽。带镖衣的叫带衣镖，不带镖衣的

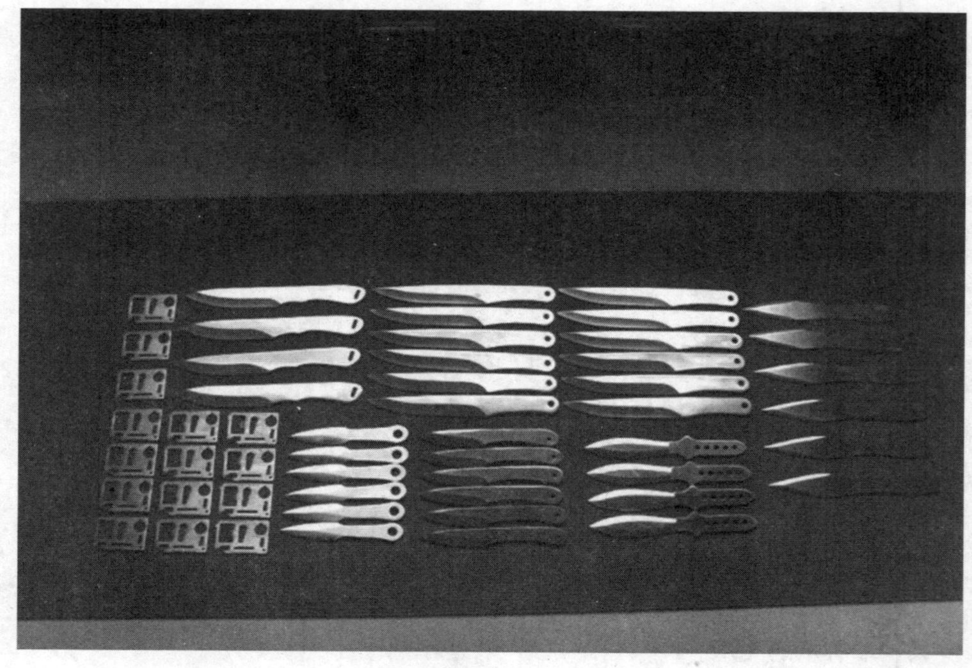

各种形制的飞镖

称光杆镖。

飞镖通常以十二支或九支为一套，每一套中必有一支比其他长而重的镖，此镖即为绝手镖。这支镖，非在迫不得已时，绝不轻易使用。射程以7米左右为最佳，最远可达60米。

毒药镖是一种带有剧毒的特殊脱手镖。所用之毒药及配方，各武术流派相戒不传，而为自家门派秘传。

飞镖的真正创始已无从考证。据武当派的《武当绝技（续集)》称，是出于北宋。说是有一老僧少年游西域时，得异人传授包括飞镖在内的各种武术。后归隐于四川某寺，悉心研究十余载。修成正果之后，出山遍游中原各地，传授技艺。又通过他的弟子，相传不绝。据说，南宋名将岳飞也受其真传。

6. 柳叶飞刀

柳叶飞刀是用于甩投的特制暗器，因刀形似柳叶而得名。刀身带刃，长17厘米，刀柄长约5厘米，刀刃最宽处约6厘米，刀重以170克左右为标准。刀刃和刀柄均为铁制。为了甩投时飞行平稳，命中率高，在刀柄末端拴有长约6厘米的彩绸。外观似刀，但两侧出锋带刃，所以，不但可用刀头扎刺，两面锋刃亦可伤人。其刃锋利无比，但因甚薄，功夫不深者，难以用于劈砍。刃尖锐利，是制敌之主要部位。柳叶飞刀，以十二口为一鞘，刀柄露鞘外，可随手取用。柳叶飞刀高手投甩之远可及200米。

投甩刀剑之技术，恐非始于战场，大概是杂要特技演练而成。这种投甩杂技，早在西汉时期就有了，是中国一种很古老的曲艺节目。后来被纳入武术之中，继而发展为柳叶飞刀。从《水浒传》中的八臂哪吒项充使用飞刀可考，专用的飞刀至迟出现于明代。

7. 袖箭

袖箭是利用弹簧的弹力发射短箭的筒状发射器。由于能隐藏在袖内发射，故此得名。袖箭不靠腕力，却威力甚大，有效射程可达100米，而且飞行平稳。发射器用铜、铁所铸，为圆筒状，袖箭一般长约26厘米，外径2.6厘米左右，筒内装有钢丝盘成的弹簧。箭杆用无节竹作料，加工成长约23厘米，如最细的筷子粗细。前端装有梭形锐利钢箭头，长约3厘米。每次只能发一箭的箭筒，为单筒袖箭。除此之外，还有可连发数箭多种。其中包括两筒的双筒袖箭、三筒的三才袖箭、四筒的四象袖箭、六筒的梅花袖箭、七筒的七星袖箭、九筒的九宫袖箭。

除单筒袖箭外，其他可连发者，均需备用相应数量的袖箭于筒内。以装箭一次，可连发六箭的梅花袖箭为例，它不同于单筒袖箭，是集六个较细单筒袖箭于一身，排成梅花形状。梅花袖箭以六支箭为一套，但通常持箭人，至少身带三套，计十八支，均先入筒备用。

民国时期制作的铜袖箭

袖箭始出年代不详。根据武当派的《武当绝技（续集）》说，在宋真宗时，有一道士号霞鹤，为修行而云游四海。后入川，于峨眉山发现一石屋，那是仙人的故居所在。在石屋中，他寻得《机轮经》一书，乃三国时期诸葛武侯所著。书中详记有木牛、流马、火炮等诸种机关制造之法，其中亦有袖箭制法说明。霞鹤道士终归西天，也未曾揭秘此书内容于世。《机轮经》一书亦无影无踪，未能流传于后人共享。所幸他公开了袖箭制造之法，世间方有袖箭传至今日。

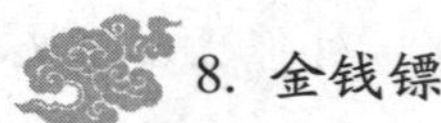

8. 金钱镖

金钱镖又称“罗汉钱”，是把普通硬币作为武器使用的一种飞掷类暗器。金钱镖作暗器极为合适，随身携带硬币，谁也不会生疑，练就此功，随取随发，非但便利，且使人防不胜防。

金钱镖分为两种。一种是不经任何加工，直接使用；另一种是将硬币四周锉薄磨锋成刃。其中，以中央有孔的大钱类硬币最为多见，其直径约 3 毫米，铜钱重 4 ~7 克，银元约重 37. 3 克。

硬币重量远不及其他投掷类暗器，所以，本身并无甚大的杀伤威力。关键在于腕力训练，加之平飞旋转，威力才会大增。

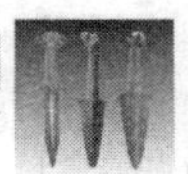

金属硬币是何时、何人将其作为武器使用，虽无从考证，但金钱镖至迟在明代就已出现，这一点是明确的。

9. 飞叉

飞叉是为投掷而特制的一种叉。形状按叉头分为两股、三股、五股三种，其中，以中股挺出如枪头的三股飞叉为多见。标准飞叉，全长约 29 厘米，叉头锐利，约占三分之一。两股飞叉以全长约 20 厘米为标准型，叉头占二分之一。五股飞叉，尺寸与三股相同。各种飞叉皆以铁铸而成。重以 600 克为标准，可视用者的力度而有所差异，但以不超过 1200 克为限。射程依训练程度而异，最远可投及 160 米。叉将发出之前，高举过顶，向后一挫，顺其势向前，松手，叉即飞出。飞叉以每九支为一组，叉头朝上，装于皮袋携带。

就飞叉的起源而言，作为一种兵器，恐怕不是由乡间农民所用农具之类发展而来，大抵是渔民捕鱼用的鱼叉演变而成的。鱼叉由来已久，自古有之，从出土文物已经知道，早在新石器时代，就有用拴绳的鱼叉捕鱼的事。

然而，究竟是何时、何人把这种鱼叉加工成飞叉这种武器的，至今虽无定论，但是有一点是明确的，至迟在明代就有了飞叉的存在。

10. 弹弓

弹弓发射的不是箭而是弹丸。弹弓的一个显著特点是在弦上有一个弹射弹丸用的皮碗。也有可藏入袖内作暗器使用的超小型弹弓。

弹丸为球形。有用石头制成的石弹、用黏土干燥后制成的泥弹和烧制而成的陶弹，还有用铁铸造而成的铁弹。用料不同，而有多种。弹丸大小，规格不一。大的有高尔夫球那么大，小的则如同打鸟弹弓子那么大。

弹弓原本不是以杀伤人为目的，而是打猎时使用。只是作为暗器时，才变成了对人的一种武器。但是，射程、打击力，都远不如投掷类暗器。不过弹丸携带方便，而且弹丸飞行的声音比箭小，不易发现，不易躲闪。这些都是胜过普通弓箭之处，也是在所有暗器中，最危险的一种暗器。

和箭比较，球状弹丸飞出后的弹道不稳定，射程和命中率也不如弓箭。所以，一直未被作为战场上的兵器。

小说中的玉皇大帝身边的二郎真君，就是使用这种武器。他的弹弓弓体是用金子做成，银制的弹丸，是一种神仙使用的超级兵器，实为宝物。

发射弹丸有很多架势，如：单凤朝阳式、野马上槽式、天鹅下蛋式、滴水垂崖式、拨草寻蛇式、双飞雁式、怀中抱月式等。当今习此艺者极少。简易的铁丝作架，橡筋为弦的弹弓，已成为儿童玩具。

知识链接

武器装备对战争的影响

武器装备直接影响着对战争的发展。

在看待武器和战争的关系方面，许多人都会不可避免地走向两个极端：一是唯武器论，认为武器装备的好坏是决定战争胜负的最主要因素；二是轻视武器的作用，认为那无关大局。

那么如何正确地理解武器与战争的关系呢？应该说，具体到某一场战争而言，武器装备并不是决定胜负的主要因素，尤其是在战争双方处于同等技术条件下，胜负结果更多地要看军队的训练、士气、后勤，以及指挥员的军事素养。

但是如果具体到整个战争发展史来说，武器装备的进步，则决定着战争方式的进步。这里所说的武器装备，并不是指单独的某一件武器，而是多种武器装备互相配合所形成的一个整装备体系。可以说，武器装备是战争发展史上的首要因素，当革命性的新式武器技术成熟并大量装备部队之

后，战场上的战术也就会因此而发生变化。与之相适应的，就是军队的训练、编制、后勤、军事理论，甚至整个军事体制的变革。

正是因为武器装备体系决定了战争形态的演变，所以西方许多的军事史著作，都是以武器技术的发展来划分军事史的不同阶段，比如把世界军事史分为冷兵器时代、冷兵器与火器共用时代、火器时代等。

因此，如果武器技术进步了，但是战术却没有得到相应的变革，或者没有建立起相应的编制、训练、后勤等制度，那么技术进步的成果也不能转化为战斗力。以近代中国为例，1840 年第一次鸦片战争以及之后的第二次鸦片战争中，清朝军队完败于英法列强，这在很大程度上是由于武器装备上的差距造成的。可是随着洋务运动的兴起，清朝的军队也装备了先进的西式枪炮，但是仍然在对外战争中屡战屡败，就是因为没有建立起与先进技术相对应的军事体制。仅仅给一支装备冷兵器的落后军队换上洋枪洋炮，而不注重战术训练、不建立新式的编制体系，那么这支部队依然算不上是新式军队。这就是中日甲午战争、抗击八国联军侵华的战争中，清军的武器中虽不乏新式枪炮，但却依然失败的主要原因。

中国古代辉煌灿烂的文明，在军事装备领域也能体现出来。中国不仅是火药和火药武器的故乡，古代中国的弓、弩等抛射武器也曾经一度领先于世界。但是随着欧洲的文艺复兴，西方科技飞速进步，中国的武器却原地踏步，最终被西方所赶超。也就是明朝中期以后，中国的武器技术就开始全面落后于西方。不过明朝还有向西方学习的举动，通过各种渠道的中西方交流，也学到并引进了一些西方的先进技术。但是随着清朝统治的建立，中国从政治、经济到文化全面转为封闭、保守。清朝统治者轻视技术进步，故步自封，盲目自大，最终在军事领域被西方远远甩开，以至于近代中国被西方列强用重炮敲打国门，从此陷入了半殖民地的黑暗深渊之中。

奇门兵器

所谓奇门兵器，就是各种特种兵器的总称。这些兵器通常无法归入“十八般兵器”的传统分类中，一般不用于军事战阵，只在武林中个别门派使用，练习的人极少，而且有时还有使用环境上的要求。常见的奇门兵器有如下一些。

1. 峨眉刺

峨眉刺长 30 厘米，是铁棒两端制成锋利笔尖状的一种兵器。为防止从手中脱落，在铁棒中央位置，设有一个插中指用的可转动的圆环。和其他兵器一样，峨眉刺也派生有多种样式。既有两端都带尖的，也有只是一端带尖的。还有不带手指环，前端为笔状的点穴笔和判官笔。此外，还有比峨眉刺短一半、有三个不同方向带锋尖的子午钉。

使用峨眉刺时，中指插入环内握紧，使两端与之呈垂直状，用以刺或打击敌人。峨眉刺中，最厉害的是专门点敌人要害穴位的点穴针。顾名思义，

峨眉刺

这种峨眉刺不但可刺可打，还可用于点穴，使敌人苦不堪言。

峨眉刺携带方便。中指插入转动环内，使铁棒与手指相平行，使敌人难以发现。以此状态，迅速旋转铁棒，即可变成攻击的态势。可以使用一支，还可同时使用两支峨眉刺。

峨眉刺也可当作投掷兵器来使用。叫作飞刺的峨眉刺，则是经过特殊加工，专作投掷使用。它比普通峨眉刺稍短，长 20 厘米左右，重 220 ~ 260 克。以 12 支为一组，装在囊袋中携带。

峨眉刺的历史并不久远，是清代以后出现的一种暗器。但据说最早起源于宋代，不过尚无确实的证据。

峨眉刺传到日本，被叫作“守铁”或“铁柱”等。

2. 子母鸳鸯钺

子母鸳鸯钺是把两个锋利月牙组合在一起的一种兵器，长度 47 厘米。虽然把这种兵器冠以“钺”的名称，但是和斧并无关系，毋宁说它是一种圈类暗器更合适。其中，鸡爪钺是子母鸳鸯钺中尺寸最大的一种。

由于这种兵器和拳合为一体使用，所以拳法高手使用，威力倍增。有了这种兵器，在遇上带有武器的敌人时，就比赤手空拳好得多。所以，子母鸳鸯钺是一种可攻可防的兵器。

这些戴在手上的兵器具有很大的杀伤力，而且随着拳法的发展而层出不穷。在明代的《三才图会》中就曾记述了没有刃叫作“铁拳”的一种兵器。关于子母鸳鸯钺的由来，目前还不清楚，但是，有人认为它是出自明代。

子母鸳鸯钺作为八卦掌的代表性兵器，为人们所熟知，故又有八卦锁之称。武林高手八卦门的董海川（1796—1770 年）善使这种兵器，故此得名八卦钺。据说这种兵器是他发明的。除八卦门派外，少林等武术界流派也使用子母鸳鸯钺。

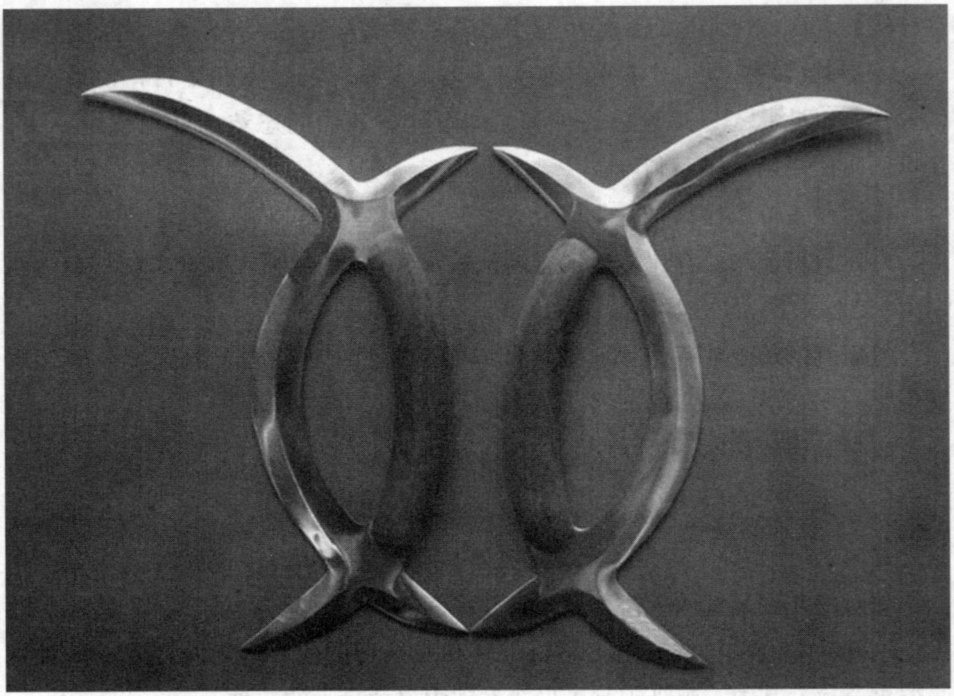

子母鸳鸯钺

3. 判官笔

判官笔器形似笔，笔头尖细，笔柄粗圆，也有两端均为笔头的，笔身中间有一圆环，形状比较接近峨眉刺，环套在手指上笔可以旋转，还有的只是一端有笔头，在笔的尾部有环，也是可以让笔旋转的。主要用于取穴打位，因此又叫判官点穴笔。

判官笔的笔长通常为二尺八寸，前端稍重于后端，多以硬木或金属制成。主要用法有穿、点、挑、刺、戳等。动作招式有穿喉、仙女引针、白猿献果、叶底偷桃、双蝶舞花等。

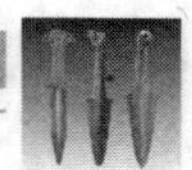

4. 铁尺

铁尺即铁制的尺。最初的铁尺上面有星，既是武器，也可作量物之用。长度1米左右，最大者和使用人的身长一般，厚1厘米以上，也有末端带柄的。铁尺通常长172.7厘米、宽3.9厘米、厚1.2厘米，完全能承受敌兵器的打击。

从外形上，铁尺可以归入棒状打击兵器一类，用法和锏相似。外形和尺一样，极易随身携带，是一种伪装性极强的防身兵器。

尺自古有之。而不受温度、湿度影响的铜尺，在周代就出现了。而把铁尺作为武器使用，已难以考证具体年代。铁尺并非战场武器，而是一种个人用的防身兵器。

长篇小说《封神演义》中的燃灯道人，使用的就是这种武器，尺名叫乾坤尺，是一件法术无边的宝物。

此外，航海时用以观测星位的量天尺，是一种特殊的尺。在武侠小说中，这种尺成了少林寺的一种贴身兵器。

知识链接

旧石器时代（1万年前至几百万年前）的重要军事发明

旧石器时代只有尖状器、砍砸器、刮削器、石球等。

旧石器时代在采摘、狩猎中应用棍棒。

大约十万年前出现了原始抛石器——砲。

大约28000年前出现了弓箭。

5. 铁笛

铁笛即铁制的笛子，实际上是一种护身用的打击武器。铁笛一般长约65厘米。虽为铁笛，但是吹奏起来，如同乐器笛子一般，故有很大的伪装性。铁笛为中间空心之管状，故体轻，但坚实不易折断，可攻可防。

笛分为七个孔的横笛和五个孔的竖笛。七孔笛乃汉武帝时丘仲所发明，五孔笛据说是东汉时期从羌族传过来的。暗器铁笛，是指七孔横笛而言。

第六节 城池攻防兵器

城防设施与守城器械

我国最早的城防设施出现在距今5000年至7000年的仰韶文化时期，但其设施只是一两道壕沟，反映了当时部落定居时间延长，所带来的更高防御要求。到了距今4000年至5000年的龙山文化时期，定居下来的父系氏族便开始修筑城墙了。

初期的城墙很简陋，如河南安阳后屯遗址中墙宽仅2~4米的低矮夯土

墙，内蒙古包头东郊阿善遗址中残墙较高处仅为1.7米的石墙等。因为太矮小了，这些城墙甚至连地基也不需要。

古代战神关羽塑像

不过千万不要轻视它们，应付原始时期部（村）落之间械斗式的争斗已经足够了。龙山文化中晚期，即相当于传说中的五帝时代，随着部落的兴盛，真正意义上的城池开始出现了。作为其中代表的平凉台古城，形状已经采用了正方形，说明城市布局有了统一的规划，城墙总长740米，墙高6米左右，根部厚13米，顶部宽达8～10米，可容纳大部队的调动和战斗。此墙的修筑采用了先进的板筑法，即先夯筑陡直内墙，两侧再以护城坡加固，此法可在增加高度的同时，抑制坡度的同步增长，使城墙较为陡直难攻。而随着这类较高大城墙的出现，为避免因土质问题造成塌陷，地基就成了工程中必不可少的一项。

公元前21世纪末，中国历史上第一个帝国——夏建立了。但帝国的建立并未促进夏代城防设施的发展，平凉台古城的防御水平终其历史也未被超越。直到商代初期，墙根厚度20米左右，高度达到10米左右的城墙，才在夏代以来面积急剧膨胀的城市四周耸立了起来。此时的城墙不但更为高大，而且做工也更细致。护城坡经过铲削平整后，会铺上防雨水冲刷的碎石。内墙夯

层间设有夯窝，使夯层嵌接，城墙更加牢固。不过直到西周，城防技术并无新的内容。原因可以推测为攻城技术进步不大，因此防御技术自然无须提高。

直到春秋时期，随着车辆制造技术的进步，攻城技术才终于进入大发展时期。春秋发明的临车、冲车、愤辒、修橹和抛石机，第一次将守城方笼罩在重型装备威胁之下。重型攻城器的涌现，带来了战术的大大丰富。原先单纯的人海战术，已转变为愤辒特种作业、临车和抛石机火力压制、修橹重甲掩护、冲车攻敌软肋、单兵钩索攀城的联合作战。等到战国时期，云梯、水淹和地道等攻城战术出现，我国冷兵器时代的攻城战术就算基本齐备了。

在这种形势下，城墙开始变得愈加陡直。女墙、角楼、悬门、瓮城、单层城楼和吊桥等新式工事也逐渐出现了。女墙可以隐蔽守军行动，遮挡临车攻击；角楼建在城角，用以抵御可能遭受的两面夹攻；悬门吊于城门洞中部，待敌军破门后紧急落下，可将其一分为二各个击破；瓮城是主城城门外的半座小城，墙与主城等高，瓮城城门偏设，使主城守军也能射杀到攻门敌军，而一旦敌军破门进入瓮城，更会陷入四面居高临下的夹击；城门之上建单层城楼，是城门争夺日趋激烈的表现；桥身能被提离地面的吊桥则已被用于一

河南安阳洹被商城城墙遗址

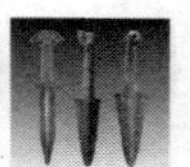

些纯军事功能的城池。除上述之外，在吴越水乡，随着跨河而建的水城的出现，供船舶往来的水门也诞生了。

战国城防层次已经非常分明，阵地从城外15公里便铺展开来，由外向内划分为荒芜圈、警戒圈和城防圈。

距城15公里范围内是荒芜圈，实行坚壁清野，能撤进城的全部运走，如果必要，还会将带不走的付之一炬，并向水井投毒。

离城5公里处，就进入了警戒圈。沿警戒圈边缘，每隔一定间隔，在制高点上设3人侦察哨一座，形成一道警戒线。侦察哨之后，每隔1.5公里设一联络哨，保持侦察哨与城池间的联络。白天的联络信号是，发现敌军举一帜，接近警戒线举两帜，进入举三帜，向城市而来举四帜，接近城郊举五帜。晚间则以火代帜。此外，各要道和关卡，还要设置3人一组的机动小队，负责侦察和反间谍。这道三位一体的警戒圈，会在敌军进至城郊，即将围城时撤回。

城上远射兵器射之所及便是城防圈的边缘，在此范围内的城外地物一律铲平，以扫清射角和视线障碍。

在距墙根10米外是护城壕。壕内有水就在水面下10厘米交错埋插长短不一的竹刺。城门外的护城壕上会架设转关桥，这种桥只有一根梁，梁的两端伸出支于壕沿的横木，当敌人行至桥上时，拉动机关使横木缩回，桥面便会翻转，令敌坠入壕内。

在护城壕后，有时会附加一道木篱或夯土的矮墙，称为“冯垣”。冯垣后面部署士兵，待敌军进入护城壕范围内，配合城上守军，以武器杀伤或以柴草熏烧之。再向内，是宽2.5米的拒马带，主要用于阻碍敌军云梯接近。在守军出入的地段，拒马带会浅埋成易于移动的状态，并在城顶加上标记。最后，在距墙2.5米以内，是5行高出地面0.5米的交错尖木桩，兼有阻碍敌人攀城和刺死坠落之敌的功能。

再往里就是城墙了，这是阻止敌人攻入城池的最后屏障。战国城墙的高度已由春秋时期的10~12米，增至15米以上。墙顶宽度足有7~10米，守军可在上面自如地动和战斗。沿墙两侧有厚1米、高0.6～1.4米的女墙，其中外侧女墙较高，开有外宽内窄的射击孔。除了在城角建有永久性的角楼外，战时还要沿墙添置大量临时楼台，每隔60米，建一座突出外侧城墙1米的观察楼；每隔180米，建一座突出外侧城墙3米、用以消灭城下死角和夹击城下敌军的木楼；同样，每隔180米，还竖有一堵3米高尖木桩连成的横墙，平时开小门供穿行，敌军登城后封闭作为路障；最后每隔360米，再建一座突出内侧女墙4.6米的木楼，用来攻击入城之敌。

城墙墙根厚达20～40米，即使城基被挖空，也不致因失去重心而坍塌，而只会下沉。每隔约200米，由内向外挖掘，接近外侧5～6寸时停止，即形成一道暗门，留作突击杀出之用。暗门内侧还备有带风箱的窑灶、柴草和障碍车，以备敌军发现从中杀入时，加以烟熏和堵塞通道之用。

城楼之下，城门洞内外侧都设城门，门洞中部还有以辘轳升降的悬门，三道门都设有活动射孔。为了防御火攻，除了在城楼中预备水罐水盆及麻袋外，还用间隔16厘米、突出2～3厘米、交错排列的圆头木桩在门外侧钉上厚泥，这种方法直到宋代才被铁皮包裹法淘汰。

与城外的步步设防相比，城内却是一幅畅通景象。城楼两侧和城角的宽大登城道，连接着沿墙铺设的环城路。环城路与各要道相连，构成城内四通八达的网路。不过城内也并非长驱直入之地，必要时，环城路之后会修筑一道称为“傅堞”的夯土矮墙，墙前再挖一道深3.5米、宽3米的壕沟，内塞柴草。一旦敌军入城，即引燃柴草形成火墙，并据墙与城墙友军夹击之于环城路上。

当时守城的通常密度是，正规兵每1.84米一人，征集的百姓每2.3米一人。占征集百姓25%的成年男子担任兵员，占50%的成年女子负责工程作业和运输战材，剩下的老弱担任后勤杂务。武器配发则按照每50～90米设抛石车一座，每20米存放修补城墙工事的柴草20捆，每45米设置锅灶、水瓮及沙土，每4米存放弩、戟、连梃、斧、椎各一，以及一些石块和蒺藜等的原则。人员或武器不足时举旗为号，苍鹰表示需要敢死队支援，双兔表示需要

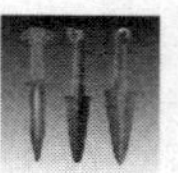

大队人马支援，狗表示需要补充远射兵器，羽表示需要补充格斗兵器，赤表示需要火战器材，白表示需要滚石，等等。

知识链接

新石器时代（4000年前至10000年前）的重要军事发明

此时已有石刀、石矛、石斧等。

7000年前已有独木舟。

传说在5000年前，黄帝与蚩尤大战时，发明了刀、剑、弓箭、甲、胄等。

大约5000年前，出现了红铜刀。

大约5000年前，出现了“石刃骨刀”及“石刃骨匕首”。

除了上面提到的标准装备外，当时还出现了一些新式装备，如悬脾、累答和火槅木。悬脾中藏有士兵，顺着城墙吊放，从侧面刺杀爬城敌军。累答是粗麻绳编成的软幕，涂泥浆的悬挂在墙前充当廉价的盾牌，不涂泥浆的可以点燃后覆盖城下敌军。火槅木是在两轮中间捆扎一束柴草，点燃后顺城坡滚下砸烧敌军。而随着弩用于军事，城头也出现了其后很长一段时期绝迹了的床弩，及永远绝迹了的转射机。前者在当时需10人操纵，有2副绞盘供上弦，1副供顺绳拉回射出的巨箭，既能发射2.3米长的巨箭，也可一次装填60支普通箭，相对南北朝之后的同类，这样的床弩还是略显弱些。后者是固定在木架上的弩，虽然固定但依然可朝任何方向射击，功能类似地中海叙拉古的弓式弩炮，从由2人操纵判断，似乎也是绞盘上弦，可惜后来彻底失传了。

一般来说，攻还是远远难于守的。因为守方是将长期积累的人力化为城墙保存着，攻方是一次出动所有人力，两者战场上的不平等，实际正体现了投入力量的不平等。在战国时期，攻防双方的兵力可以悬殊到这样的程度：假如攻方以 10 万之众围攻，按《墨子》中的论证，守方只需将 4000 余人，按每 2 米 9 人的密度部署，即可在最大不过 920 米的主攻方向上挫敌锐气。

魏晋时期以后，城墙的修筑技术又出现了新的变化。

首先是马面。陡直的城墙虽不利敌军攀爬，但同时也会增加城下死角的范围，尽管战国时就用突出外侧城墙的木楼和竖立尖木桩带加以弥补，不过针对这一问题的永久性墙台还是出现了。马面突出于城墙外侧，与城墙合为一体，上设供士兵休息的战棚，战棚四周有木桩围护。

其次是南北朝时的统万城。统万城墙身由“三合土”夯筑而成，这种组成分为石灰、沙粒和黏土的混凝土，至今仍是建筑良材。苍白色的墙体经过

福建厦门胡里山炮台

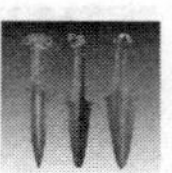

“锥入一寸，即杀作者”这般严酷的工程验收，以致“紧密如石，凿之则火出”。角楼被强化为巨型建筑，结构有些像如今的航空塔，但有多层，外面蒙以生牛皮，就连当时的皇帝赫连勃勃也曾赞其“高隅隐日，崇墉际云”。马面内建有仓库，既利于迅速补充军需，也开创了明代在城墙内侧修筑藏兵洞的先河。

至唐代时，城墙技术又有多项新发展。

工事方面，大多是基于战国已有技术的加强，像由傅堞演变而来的重城，即城中之城，由冯垣演变而来的碉堡式工事——羊马城，以及为对抗床弩攻击而在城门、城角直至整堵墙表面砌砖的砖城等，只有弩台是个例外。弩台为方形，根部边长14米，高15米，顶部边长7米，四周围有夯土墙。台底开门，守军可通过天井的绳梯爬上台顶。台顶架有毡帐，内藏5名弩手及各种军需。将弩台在距城墙150米之外，间隔150米设置一圈，就形成了城墙与弩台、弩台与邻台互相支援的交叉火力网。

装备方面，战国时出现的累答，已经改为用荆条编制或用布缝制，火擂木则改为韦草灌油蜡制成，形状如同燕尾，称为“燕尾炬”。此外，还有新出现的铁鸱角、叉竿和钩竿。“鸱”是鹞子之意，铁鸱角自然就是铁鹰爪了，专门从城上抛下钩砸敌军。叉竿能够将云梯向下推，用横刃切断敌人手足。钩竿可以钩住云梯向外推，使敌军上下不能，眼睁睁摔下去。

两宋时代，为了对抗北方游牧民族，特别是金兵的大规模使用抛石机毁城的战术，南宋初年一位叫陈规的文官有针对性地提出了系统城防思想。其所撰写的《守城录》，至今仍是中国古代最著名的兵书之一。

陈规的城防思想涉及工事设计与防御战术两方面。其理想中的城池应具备如下改进：护城壕之后，距城墙6~9米外，是一道高4米、根厚3米的羊马墙，墙上设有三个一组的“品”字形射击孔。羊马墙后有一道壕沟。之后又是一道墙。形成两壕三墙的障碍带。

城墙宽顶缩窄至5~6米，以降低被石弹击中的机会。用较能承受石弹轰击的平头墙取代有齿垛的女墙，墙上交错开设两排孔口，供射击和刺杀之用。

南京明城墙——中华门瓮城

在马面上修筑平头墙，以取代经不起石弹攻击的战棚。

城角由从前较易被石弹轰塌的直角城角，改为半圆形，并且废除容易成为轰击目标的角楼。御敌性能较弱的单层城楼被双层城楼取代，下层近战，上层射箭。性价比较低的瓮城也被废除，改为在城门外 15 米和城门内 6 米各筑一道根厚 5 米的 10 米高墙，墙宽以遮住城门两头 6～9 米，使城外无法侦察城门情况为宜。

敌军攻门时以外墙与城门之间木寨据守，并从城头攻击其侧，敌军破门入城后，则在内墙与城门间的夹道展开两面夹击，同时从城头攻击其侧。

而防御战术方面，他除了倡导守中有攻的防御和灵活周密的部署外，更提出了以砲对砲的理论。

所谓以砲对砲，就是以射程500米的抛石车打击敌军指挥点和抛石车阵地，以射程400米的抛石车，打击敌军工程作业部队阵地，最后以射程300米的抛石车打击敌军的前线攻城器阵地。同时，为了防止遭到反击，以及减轻运送石弹的困难，抛石车不设置在城头，而是隐藏在城墙内侧，由城头上的指挥员指挥射击。

遗憾的是，陈规的城防思想由于南宋的国力，未能得到充分实施，以致到了南宋末年元军入侵时，抛石车集群轰击仍旧屡试不爽。如攻打京师的龙德宫城时，元军仅攻打一个城角就设置13梢抛石车100余座，昼夜连发，几天之内石弹就堆起城墙高度。宋朝况且如此，至于后代，对于陈规的城防思想就更是置若罔闻了。

明代发明了瓮城箭楼、多重瓮城和藏兵洞。

箭楼又叫“万人敌”，代表之一就是前门楼子，一层层射击孔密密麻麻，确实雄伟。多重瓮城实际上是针对城墙中最薄弱的环节——城门所做的加强，就是一道门接一道门，使攻方无法一攻到底，不如直接强攻翻越城墙。藏兵洞一般设在城墙内侧，用砖石加固，既提供了预备兵力的就近安置，又能作为掩蔽和休息的场所。

知识链接

夏代（公元前21世纪—公元前16世纪）的重要军事发明

夏初已开始车战。

出现夯土城墙。

在战争中使用铜矛。

在防守中使用“拒马”，阻止对方战马行动。

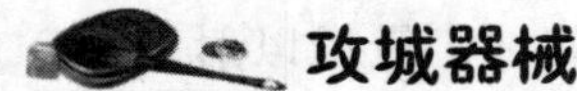

攻城器械

1. 攻城器械的发展与演变

春秋战国时期，随着战争的频繁发生，出现了最早期的攻城器械，有以下几种。

临车及其上悬吊的箭屋，伸入空中可达10米以上，能居高临下射击守城方。冲车将一捆大木装在车架上，专门撞击城门。愤辒顶部蒙以生牛皮，可推至护城壕甚至城脚，进行填埋或挖掘作业。修橹与愤辒相似，但职责在于掩护部队接近城下。还有带有轮子的壕桥，用以缩短打通护城壕的时间。这一时期，早期的抛石机也已经产生并开始发挥威力。在攻城战术上，强攻、压制、地道和水淹四类传统的攻城战术均已出现。

到了魏晋隋唐时期，在城防日趋森严的情况下，攻城技术自然就要向强化威力的方向发展。唐代时，床弩和抛石机被重新启用，其威力也大为加强，唐初李世民围攻洛阳时，使用的床弩由8张弩连成，所用之箭粗如车轴，箭镞大如巨斧；抛石车所用的石块，更是重达30千克。

北宋末年一场由抛石机导致的攻守变革终于爆发了。

据史料记载，金军在灭亡北宋的汴京之战中，一夜之间架设抛石机5000余座，以汴京长达50里的外墙，每里就要面对100座抛石机的轰击。金军为了收集足够的石弹，将汴京附近的石制品洗劫一空。攻城时，先将护城河填平，而后万炮齐发，再辅以大量强弩，一举击溃守城部队的部署，进而出动与城墙等高、可容纳80人的巨型攻城车——对楼“展开登城战”。大量抛石车的运用促发了全新战术的诞生，其流星雨般猛烈的打击令戒备森严的城防士兵完全无力招架。

明清两代，最值得一提的攻城战术就是太平军的爆破战术了。太平军攻城很有一套，专门找了数千矿工挖地道，等到接近城墙时，就把用棉被、布

袋，甚至棺材装着的火药安装好，拖出一条两三公里长的引信，远远引爆。霎时间闷声巨响，城墙坍塌，太平军便趁乱杀进城中。为了掩人耳目，太平军起初把入口选择在城外的空房子里，后来清军学精了，他们又改在隐蔽地形后面挖，而且还擂鼓掩盖地下的挖掘声，以致清军唯有无可奈何地称其“至为险毒”，又评价太平军“掀翻巨城，如揭纸片”。

2. 抛石机

抛石机在古代又称为“砲”，其结构包括称作“梢”的杠杆部分，作为支点的木轴和支承轴的木制脚柱。梢的一端拴有麻制的拽索，另一端为带钉刺的皮窝，用以装填石弹。

在宋代出现了种类繁多的砲，其中有手砲、合砲、单梢砲、双梢砲、旋风砲、虎蹲砲、五梢砲、七梢砲、十三梢砲等。七梢砲有四根脚柱，高度约6.5米。砲梢由七根合成，其中四根长为7.6米，另外三根长度为7.7米。一门砲共需操作士兵252人，每根拽索用两人，瞄准和发射两人。发射54～60千克石弹，射程77米以上，也有达到400米射程的。

抛石机基本是固定在地面上来使用的。为此，要挖开地面，把脚柱深埋其内，加以稳固，所以移动和调换发射方向很费时间。为解决这个问题，就出现了装载在车上的车砲。

由于砲没有机动力，主要用于攻打城池，或守城之用。不是以杀伤单个敌人为目的，主要用于破坏城墙、角楼等防御设施、大型防御兵器以及城内房屋等方面。作为防御使用时，是用来压制和摧毁敌人的大砲、大型攻城兵器和攻城设施。作护城使用时，砲位不一定都设置在城墙上面，还可以把砲安设在城墙的墙壁之中，由城墙上的观测手瞄准进行发射。

使用一门砲，各种物资器材是必不可少的。其中包括安装和修理用的斧、锹、镐等工具，以及绳、木料、袋、布匹、麻布，还有防御敌人火攻用的毯子、消火水桶，以及防敌人袭击、保护砲的防护工具，等等。

在中国历史上，能够得到确认的最早用砲战例，就是在东汉末年曹操和

袁绍的官渡之战。当时袁绍军的兵力强于曹操军队，曹操命兵士构筑阵地坚守，双方处于对峙状态。急于进攻曹营的袁绍，命士兵挖地筑山，在山上修建高台，居高临下，用弩射曹军。无计可施的曹操，采纳了部下的建议，制造了发石车，摧毁了袁绍的全部高台，获得大胜。这种发石车威力甚大，故而冠以“霹雳车”之称。

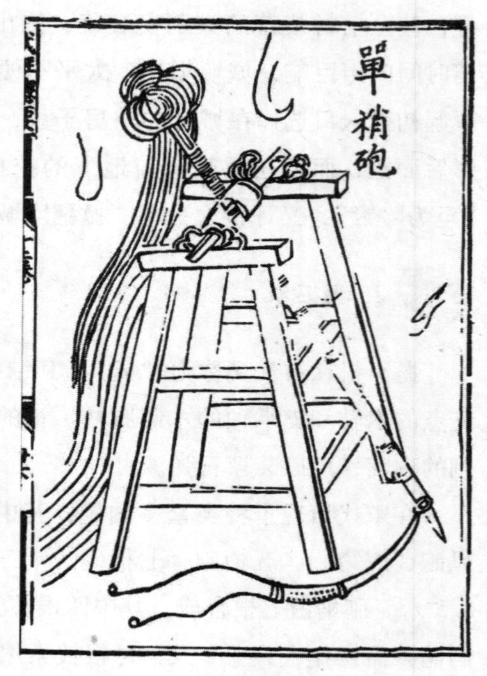

《武经总要》所绘单梢砲图样

到了隋、唐时期，攻城战中使用砲已相当普遍。宋代，继承了这种传统，制造了各种各样的砲。蒙古族的元军，不仅接受了这种技术，还采用了西域伊斯兰教徒的特殊技巧，制成了叫作“襄阳砲”的使用“重砣”的抛石机。以骑兵为主的游牧民族军队，虽然善于野战，但是，攻城战却常常束手无策。通过砲的使用，尝到了甜头，甚至还组编了专门的砲兵队。

从宋代到元朝，是砲发展最快的时期，在元朝进而出现了使用火药来发射弹丸的砲。笨重的抛石机，终于由于火炮的出现，逐渐退出了历史舞台。

据说，早在元代末年，朱元璋军队包围平江（今江苏省苏州市）的时候，就使用了大量的火炮，其中还掺配使用了许多七梢砲、襄阳砲等重砲。此次战斗之所以使用了这种古老而笨重的抛石机，可能是因为当时的火炮性能还不稳定，而且受气候影响很大的缘故。正因为抛石机性能稳定，又与天气好坏无关，砲弹可随地取用，这才使抛石机久盛不衰，被继续在古战场使用。

抛石机发射的弹丸，主要使用有一定重量的球形石弹。还有专为杀伤密集人群用的散弹，这就是可同时发射许多颗石子的撒星石。这些数不清的小

石子发射出去，恰似满天星，故得此名。

当然，弹丸也不只是石弹类。例如金国就使用叫作震天雷的利用火药的炸裂弹和火药毒气弹，把发射这类弹丸的炮，特称为火炮。

此外，还有许多特殊的弹丸。粪砲罐和金水罐是最具有代表性的两种。粪砲罐，就是把干燥了的人粪、石灰，甚至砒霜这些剧毒混合物，装填在一个薄壁容器里的一种特殊弹丸。命中敌人时，薄罐破裂，里面的毒气弥散在空中，或损害眼睛，或吸入体内，或黏附在伤口上造成感染，来伤杀敌人。

金水罐是向麻布制成的容器里灌进高热的铁水再用泥封盖制造而成。制容器的麻布上涂泥，再涂上用水熬制的小麦粉，后涂上厚厚一层掺有猪毛的泥浆。命中目标时，容器碎裂，滚烫的铁水飞溅，杀伤敌人。但是，金水罐必须在灌入铁水后，立即使用。否则铁水就会冷却而凝固，失去了原有的杀伤力。

下面专门介绍两种典型的抛石机。

（1）旋风砲。和其他砲一样，也是靠人力来发射石弹的一种抛石机。特点是，这种砲的支承脚柱可以旋转，能射向任何方向的目标。宋代《武经总要》中绘制的一种旋风砲是其基本形态。

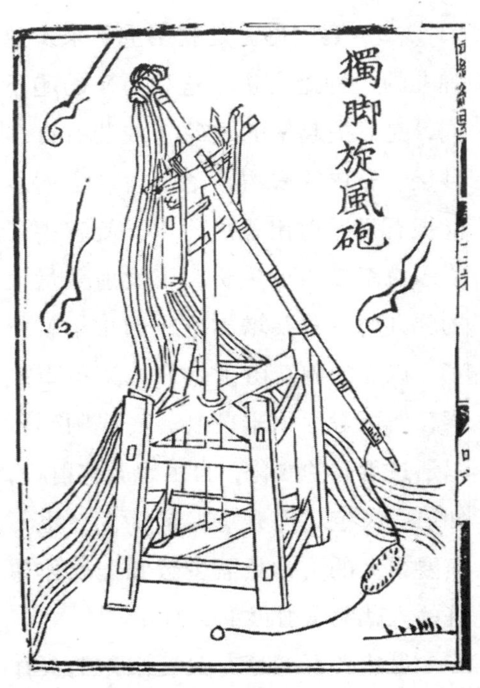

《武经总要》所绘独脚旋风砲

被称作“冲天柱”的中央支柱，高 5.2 米，而支承冲天柱的支柱长约 2.6 米，梢长 5.5 米左右。拽索 40 根，长约 12.3 米。梢在支承轴上可自由地上下转动。操作士兵共 50 人，其中每根拽索用 1 人。发射 2 千克重石弹，射程在 77 米以上。旋风砲的安装是把冲天柱（1/3）和支柱（1/2）埋入地

下，加以稳固。

以往的抛石机砲架是固定的，所以不能迅速改变射击方向，捕捉新出现的目标。为解决这个问题，旋风砲就应运而生了。据说是北宋时期发明的。在当时，因为转轴强度有限，所以还制造不了重型砲。只能制造属于中型砲的旋风砲，而重型旋风砲依然为固定式。

旋风砲也有多种变体。独脚旋风砲就是其中之一。用四根支柱把砲固定在地上，冲天柱是可旋转的。从图中可以看出，可动部分的强度是比较稳定的。旋风车砲，也是从旋风砲演变而来的，把旋风砲装载在车上，以提高砲的机动能力。旋风五砲，是把五门旋风砲集中在一起来使用的，五门砲相互独立，扩大了射击方位，甚至可以同时进行“全方位”射击。

使用旋风砲最盛的，不是宋军，而是宋的敌人，即党项人的西夏军队，甚至装备有专门的旋风砲部队。

（2）襄阳砲。是利用重砲来发射弹丸的一种抛石机。它和历来的砲不同，是靠提起来的重砣（或装有许多砂袋、石块的重物）落下时产生的位能把石弹抛射出去。所以，就省去了许多拉牵拽索的人员。当发射重量大的弹丸时，只要增加重砣的重量就行了。以往的砲，由于是靠人力拉牵拽索，所以射程很难控制。而襄阳砲可以通过重砣的变化，自由地调整射程，使射程稳定。提升重砣的瞬间，也不需要很大的力，只需少数几个操作熟练的人就能发射很重的弹丸。

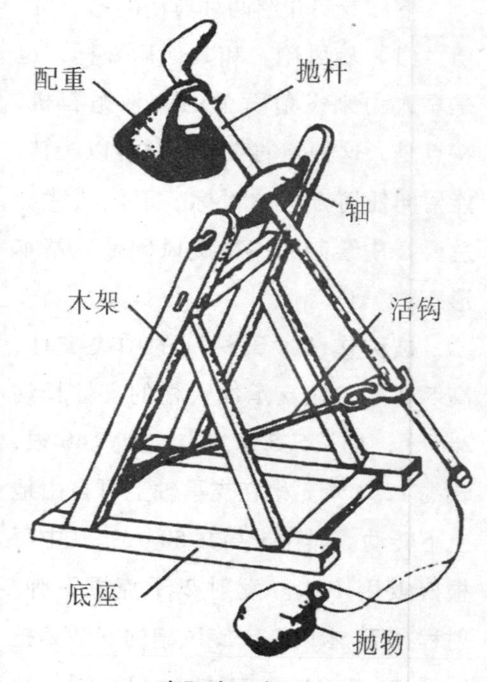

襄阳砲示意图

虽然尚不清楚有关襄阳砲的具体规格和操作人员数量，但是，绝不会

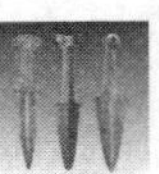

超过七梢。据说，在襄阳（湖北省）攻城战中所用的襄阳砲，发射的石弹重达 90 千克，石弹射出后，入地 2 米多深。虽然能发射这样重的石弹，但是石弹的制造和运输等后勤供给方面却是很难的。

这种使用重砣发射石弹的抛石机，是由西亚伊斯兰教徒发明，而后传到世界各国的。我国最早使用这种抛石机，是在 1293 年南宋和元最后决战性的襄阳攻城战中。抛石机在这次战役中建立了功勋，从此，襄阳砲的美名就名扬天下了。又由于这种抛石机是伊斯兰教徒（回教徒）技术人员制造的，所以又有回回砲之称。

知识链接

商及殷代（公元前 16 世纪—公元前 11 世纪）的重要军事发明

早期已有铜戈、铜戟、铜斧等。

殷商已有青铜胄出土。

出现铁刃铜钺，铁刃是陨铁做的。

商代已有环城的壕沟。

商代已有船只，船只在商末用于战争。

第二章

火器

火药,是中国古代“四大发明”之一。这种危险品的发展很快就偏离了炼丹士们最初追求长生不老的初衷,成为改变世界军事史的重要武器。在火药的使用方面,中国发明的各种火药武器独树一帜,并曾经大量装备于军队。直到 17 世纪,中国的军事技术依然在世界上处于领先地位。在中国军事史上,由火药而研制的各种武器被统称为火器。

第一节 火药的发明与初期的火器

火药发明以前的火攻战术

火攻战术在中国有悠久的历史。先秦时期重要的兵家著作《孙子兵法》中的《火攻篇》就已精辟地阐述了火攻的战术和作用。史载战国时齐国的田单用火牛破燕，三国时吴国的周瑜在赤壁火烧曹军战船等，就是以火攻取胜的著名战例。传统的火攻器具主要是带燃烧油脂的火箭，以弓弩发射；也使用火兽、火禽和火船。这些火攻器具，都取自天然可燃物，易受气候影响，局限性很大。

火药的发明

在中国古代，火药的发明经历了漫长的历史过程。早在汉朝，火药的主要成分硝石、硫黄已被人们当作药物使用。

火药的研究开始于古代道家炼丹术，古人为求长生不老而炼制丹药。到了两晋、隋唐时期，炼丹家在实践中已经发现了硝石、硫黄和木炭等混合物的燃烧性能，并采用“伏火法”炼丹。

所谓“伏火法”，是指炼丹家们对于硫黄、砒霜等具有猛毒的金石药，在

使用之前，先用烧灼的办法“降伏”一下，使毒性失去或降低，因此这种手段称为“伏火”。

唐初的名医兼炼丹家孙思邈在“丹经内伏硫黄法”中记有：硫黄、硝石各二两，研成粉末，放在销银锅或砂罐子里。掘一地坑，放锅子在坑里和地平，四面都用土填实。把没有被虫蛀过的三个皂角逐一点着，然后夹入锅里，硫黄和硝石起烧焰火。等到烧不起焰火了，再拿木炭来炒，炒到木炭消去三分之一，就退火，趁还没冷却，取出混合物。

唐朝中期有个名叫清虚子的炼丹家，在“伏火矾法”中提出了一个方子：“硫二两，硝二两，马兜铃三钱半。研为末，拌匀。掘坑，入药于罐内与地平。将熟火一块，弹子大，下放里内，烟渐起。”他用马兜铃代替了孙思邈所用的皂角。这两种物质代替炭起燃烧作用。

伏火的方子都含有炭素，而且伏硫黄要加硝石，伏硝石要加硫黄。这说明炼丹家有意要使药物引起燃烧，以去掉它们的猛毒。

炼丹家发明火药具有一定的偶然性。虽然炼丹家知道硫、硝、炭混合点火会发生激烈的反应，并采取了一些措施控制其反应速度，但是因伏火失控而引起丹房失火的事故时有发生。《太平广记》中有一个故事，说的是隋朝初年，有一个叫杜春子的人去拜访一位炼丹老人。当晚住在那里。半夜杜春子梦中惊醒，看见炼丹炉内有“紫烟穿屋上”，顿时屋子燃烧起来。这可能是炼丹家配置易燃药物时疏忽而引起火灾。还有一本名叫《真元妙道要略》的炼丹书也谈到用硫黄、硝石、雄黄和蜜一起炼丹失火的事，火把人的脸和手烧坏了，还直冲屋顶，把房子也烧了。书中告诫炼丹者要防止这类事故发生。这说明唐代的炼丹者已经掌握了一个很重要的经验，就是硫、硝、炭三种物质可以构成一种极易燃烧的药，这种药被称为“着火的药”，即火药。

火药在发明之后曾被长期当作药类。直到李时珍的《本草纲目》中还提到火药能治疮癣、杀虫，辟湿气、瘟疫。

知识链接

西周（公元前11世纪—公元前771年）的重要军事发明

发现最早的青铜剑。

已有西周青铜甲出土。

西周已有铜弩机，防守时已应用“木”，攻城时已应用云梯。

唐宪宗元和三年（808年），道家《太上圣祖金丹秘诀》中记载有硝、硫、炭3个组分的配方。这就是早期火药配方的记录。最终，由于火药不能解决长生不老的问题，又容易着火，炼丹家对它逐渐失去了兴趣。火药配方由炼丹家转到军事家手里，就成为中国古代四大发明之一的黑色火药。

至迟到10世纪，我国古人已开始用火药来制造纵火器具，并创造出一种全新的兵器——火药兵器（简称火器），使传统的火攻战术有了新的发展。原始的火药兵器开始装备军队，从此中国古代兵器的发展步入了新的时代。

北宋《武经总要》中，已经分别总结了三种不同的火药配方，即“火球火药方”、“蒺藜火球火药方”和“毒药烟球火药方”。这也是世界上最早记录的军用火药配方。到了明代，发射弹丸、浸泡火绳等专用的火药配方都已经定型了。

燃烧性火器

北宋初年，出现了用火药制造的火箭、火球等，是以火药为燃烧源的火攻器具，它们不需要依靠空气中的氧气，因而可以在密闭的器皿中燃烧。因而这类火器又被称为“燃烧性火器”。在《武经总要》中，守城器械部分列

举的火药兵器有火球、火药鞭箭、蒺藜火球、霹雳火球等多种，这表明原始的火药兵器是与攻城守城联系在一起的。

由于火球、火药箭需要借助弓弩和抛石机等射远兵器，才能发挥其燃烧、发烟和散毒等作战作用，所以在一般情况下，只能配发步兵中的小分队使用。

1. 火球

火球的“球”，宋代写作“毬”。《武经总要》所记载的火球类兵器共有八种：引火球、蒺藜火球、霹雳火球、烟球、毒药烟球、火球、铁嘴火鹞、竹火鹞。前六种一般是先把制好的火药同铁片等杀伤或致毒物拌和，然后用多层纸糊成球形硬壳，壳外再涂上易燃的引火之物，晒干。使用时，先用烧红的烙铁将球壳烙透，然后小的用手投掷，大的用抛石机抛射。当火球抛射至敌方后着火的球壳将球内的火药引燃发火，达到作战目的。

铁嘴火鹞用薄板制成身，头部安有铁嘴，尾部绑有秆草，火药装于尾中。竹火鹞用竹片制成灯笼形外壳，壳外糊纸数层，内装火药一斤，尾部绑草三五斤。使用时，先点着尾草或鹞身内火药，然后用抛石机抛至敌方进行燃烧。

蒺藜火球示意图

火球类火器制成后便常在战争中使用。北宋靖康元年（1127 年）正月，金国的东路军渡过黄河，围攻北宋的都城开封。尚书右承李纲奉命部署战事，亲自登上咸丰门指

挥宋军作战。他下令：军中如能用床弩与火炮（即火球）击中金兵者，给厚赏。又命令宋军利用夜暗时机，发霹雳炮（即霹雳火球）打击攻城金军。于是炮发火起，声如霹雳，金军被炮火烧乱了阵脚，惊叫不绝。

当年闰十一月初，金军又卷土重来，分东西两路军第二次进攻开封，重点在城东。所用的攻城器械，除火梯、云梯、鹅车洞子、撞杆、钩杆及各种抛石机外，还使用了仿照宋军所制的火球、火药箭等火器。宋军也使用守城器械撞杆，撞倒金军的云梯；用火炬焚烧金军的攻城洞子。当金军挖地道攻城时，宋军对准地道挖竖井，并向地道内抛掷干草、蜡脂、毒药、火球等物，引起燃烧，产生烟焰，熏灼地道内的金军。金军被烧得焦头烂额，伤亡甚大。

南宋军民在抗金作战中，不但利用纸壳火球的燃烧作用，焚烧金军的人马和战具，而且把纸壳火球发展为初级爆炸性火器，直接用它爆炸杀伤金军人马。据当时襄阳守将赵淳的幕客赵万年在《襄阳守城录》中记载，南宋宁宗开禧三年（1207 年）二月，赵淳率领宋军，用霹雳炮坚守襄阳。当金军前来进攻时，宋军多次以霹雳炮爆炸伤敌。

第一次是赵淳率领守军千余人，利用半夜时分出击，以霹雳炮打击金军，金军惊慌失措，人马惊恐崩溃。

第二次是在金军攻城之时，赵淳下令城上守军擂鼓呐喊，并向攻城金军抛击霹雳炮，金军人马惊骇，不能继续攻城，被迫撤围而去。

第三次是赵淳乘雨夜天气，指挥 3000 名宋军，乘战船 20 多艘，船内满载霹雳炮与火药箭，潜驶到金军岸边的营寨，乘金军熟睡而没有防备的机会，突然向金军营寨抛击霹雳炮，发射火药箭，金军人马慌乱，自相践踏，官兵伤亡两三千人，战马死伤八九百匹。

到明代后期，火球的种类增多，若按作战用途区分，则有神火混元球、火弹、火妖等致毒火球；烧天猛火无栏炮、群蜂炮、大蜂窝火砖、火桶等燃烧和障碍性火球；万火飞沙神炮、风尘炮、天坠炮等烟幕和遮障性火球。这些火球在战争中配合枪炮使用，起着辅助作用。

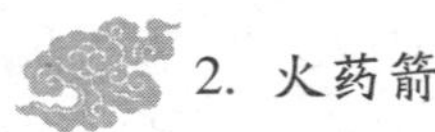

2. 火药箭

南宋火药箭图样

火药箭是北宋初期创制的另一种初级火器，其制品有弓弩火药箭与火药鞭箭两种。弓弩火药箭是在一支普通箭镞的后部，绑附一个环绕箭杆的球形火药包，包皮用易燃物制成，内装火药，药量视弓弩大小而定。通常使用的是一种内装五两火药的桦皮羽箭。使用时，射手先点着火药包，然后将箭射至敌方粮草上，在包皮引燃壳内火药后，即将粮草焚烧。南宋高宗绍兴三十一年（1161年）八月，金军统帅、海陵王完颜亮命工部尚书苏保衡与浙东道副使完颜郑家，率水师从海路直趋南宋都城临安（今浙江杭州），船行至胶州湾的松林岛时，遇风锚泊。南宋抗金名将浙西路马步军副总管李宝，已奉命率水军3000人，乘战船120艘，先于金军水师到达胶州湾的石臼岛附近锚泊，待机拦击南犯的金军水师。当李宝得知金军水师已到松林岛的消息后，即指挥水军乘顺风疾驶松林岛，向金军战船发射火药箭，抛掷火球。箭中船具后，烟焰旋起；火球所击，烈火腾飞。金军战船大多化为灰烬。最后，李宝又命壮士跃登残存的金军战船击杀残敌。金军主将完颜郑家也送了性命。

火药鞭箭因火药绑附于形似竹鞭的箭杆前部而得名，它是利用竹竿制造的弹力装置发射的火药箭，多用于射高和攻城。

明代后期又创制了钉篷火箭与弓射火石榴箭。钉篷火箭就是在普通箭矢的后部多安了一个喷火筒与一个倒须式铁刺头。当箭射中篷帆后，倒须如刺钉一般张开，使箭牢钉在篷帆上。同时，喷火筒开始喷射火焰，将敌船焚毁。弓射火石榴箭是在火药箭上附有一个倒钩，其施放与燃烧作用与钉篷火箭相似。

3. 喷筒

喷筒是喷射火焰焚烧敌军粮草、营寨和战船的管形喷射火器。首创于南宋初期，明代后期制品增多，主要有飞天喷筒、满天喷筒、毒龙神火喷筒等。

飞天喷筒长一尺五寸，用直径二寸的竹筒制成，筒外用麻绳缠紧，尾端安一根长五尺的手柄。装填药料时，先装一层炭多硝少的慢燃烧火药，次装一层喷射火药，再装一枚用硝石、硫黄、雄黄、樟脑等易燃和致毒物制成的火药饼。药饼两边有通火渠槽，并将火药饼压实。然后再依次按同样方法装填五枚药饼。如果装药量适当，火药饼可喷射至数十丈远的敌船上，将敌船焚毁。

满天喷筒用两节毛竹做成喷筒，内装火药和砒霜、胆矾、斗兰草、草乌头、大蒜等有毒性和刺激性的物质，外用胶布重裹。喷筒制成后，安在长枪头上，等待使用。这种喷筒多用于守城。守城战开始后，当敌军前来攀城攻打时，守城士兵即点燃火药，喷射火焰，烧灼和打击攻城敌军，是当时的一种守城利器。

毒龙神火喷筒是用一根三尺长的毛竹做筒身，内装毒性火药，然后绑附于高竿之首，专门在攻城时使用。攻城战开始后，士兵把它持至城墙的垛口上，乘风点火，烧灼和毒杀守城士兵，然后乘机攻入城内。

知识链接

春秋（公元前770—公元前476年）的重要军事发明

春秋已有剑身比较坚固的“脊柱剑”，春秋晚期出现钢剑。

已有掩护士兵挖掘地道的“轒辒车”。

出现了弹弓。

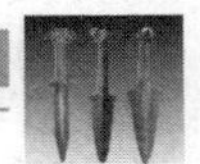

春秋时吴国率先建立水军。

春秋末年已有“马甲”，在战斗中保护战马。

春秋末年产生的名著《孙子兵法》对战争做了精辟的论述。

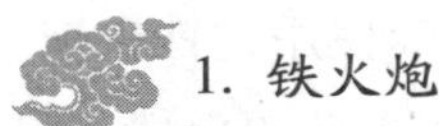

爆炸性火器

在纸壳火球的基础上，铁壳爆炸性火器发展起来。最早期的爆炸性火器为火炮，后来则有明代创制的地雷、水雷和各种爆炸弹。

1. 铁火炮

铁火炮是金军在12世纪末至13世纪初创制的铁壳火球，由纸壳火球发展而来。金军在灭亡北宋后，利用北宋的火器制造技术、设备和工匠，创制了铁火炮，进攻南宋。

铁火炮的创制还有一个颇有趣味的故事。据说在金大定二十九年（南宋淳熙十六年，1189年），在金军的占领地山西阳曲（今山西太原）北郑村，有个捕狐人铁李。他在一个口小腹大的陶罐内装填许多火药，通火线于外，然后把火药罐放在群狐出没之处。待狐狸接近时，即点爆火药罐，群狐受惊后纷纷乱逃，结果投入铁李预设的罗网中。铁李持斧将它们砍死，满载而归。金军受此启发，创制了铁壳爆炸性火球，用于作战之中。

南宋嘉定十四年（1221年），金军携铁火炮进攻蕲州（今湖北蕲春）。蕲州郡守李诚之和司理赵与褱率部坚守。攻城时，金军在城外环列抛石机，向城内抛击铁火炮。打到城顶上时，守城宋军中炮即死，有的士兵的头部被削去一半；击中城楼时，城楼即被摧毁；打到居民住户时，居民伤亡甚大。

金天兴元年（1232 年），金军又使用铁火炮成功地保卫了开封。当时，蒙古军屡败金军，进逼开封。攻城时，蒙古军在城外筑城围 150 里，用抛石机向城上抛射石弹、火球，同时建造了大型活动的掩体牛皮洞子，掩护士兵掘城。金军为破蒙古军的牛皮洞子，从城上用铁索悬吊大型铁火炮——震天雷，点燃引线后沿城壁下吊至蒙古军掘城处爆炸。结果蒙古军的牛皮洞子被炸得粉碎，掘城的蒙古军也是血肉横飞。蒙古军因见强攻不下，便撤围而去。

到了宋末元初，宋蒙双方都改进和发展了铁火炮，不但使其威力增大，而且种类增多，据文献记载，主要有合碗式、铁罐式、葫芦式、圆球式四种。

这些铁火炮都以铁为壳，从小孔中通出火线，点火爆炸后，铁壳碎片四散飞击，杀伤敌军人马和摧毁敌军战具。元军在至元十一年（1274 年）和至元十八年（1281 年）两次跨海对日作战时，都使用了铁火炮。据日本的文献《八播愚童训》记载说，元军第一次在日本登陆作战时，曾经使用过铁火炮。当铁火炮在日军中爆炸时，只见“火光闪闪，声震如雷，使人肝胆俱毁，眼昏耳聋，茫然不知所措”。《太平记》则说，元军“击鼓之后，兵刃相接，抛射出球形铁炮，沿山坡而下，形如车轮，声震如霹雳，光闪似雷电，日本兵被烧被害者多人，城上仓库着火”。

铁火炮经过改进和发展，扩大了用途，到明代后期制成了地雷、水雷和炸弹，用于水陆作战中。

2. 地雷

地雷是埋在地下的爆炸性火器。

中国古代见于记载的最早的地雷，是明朝嘉靖二十五年至二十八年（1546—1549 年）间，由兵部侍郎曾铣在总督陕西三边军务时组织人员制造的。不久，其他将领也竞相制造和使用。抗倭名将戚继光在镇守东部长城时，也大量制造地雷，布设在隘口要道或设伏地域内，以加强守备。到万历年间，各种地雷更是纷纷问世，种类繁多，仅《武备志》就记载了十多种，主要有

中国国家博物馆藏明代地雷

炸炮、伏地冲天雷、无敌地雷炮和万弹地雷炮等。雷壳材料有铁、石和陶瓷。引爆方式有踏发、绊发、拉发、点发、定时引发和戚继光所部创制的机械式引爆装置“钢轮发火”等。

炸炮是用生铁制作的地雷，大小如碗，壳面留有装药口，装药后用木杵夯实，然后在火药中插入一个小竹筒，从中引出一根火线。使用时，常将几个炸炮的火线串联，并接在一个机械触发式发火装置“钢轮发火”的火槽内，再从钢轮发火装置内通出一根长线，然后选择敌人必经之路挖坑埋设。若敌人踩绊到长线，就会牵动钢轮发火装置，引起爆炸。与炸炮类似的还有自犯炮和万弹地雷炮等。

伏地冲天雷是用火种引爆的地雷。火种装在盆内，放在雷壳上，从雷壳内通出的火线总联于盆上，靠近火种。盆面随意竖立几支长柄刀枪等兵器，然后用土盖平。当敌兵经过碰到或试图拔出长柄刀枪时，盆内火种倒在火线上，从而将地雷引爆。

无敌地雷炮是点火引爆的球形铁壳地雷。大的装火药一斗，小的装三五升，装好后用硬木将雷口塞住，并从雷中通过竹筒引出三根火线，然后将地雷埋于敌人的必经之路上，竹筒口朝向己方。待敌人进入雷区时，士兵立刻点着火线，引爆地雷。

万弹地雷炮的雷壳好像一个坛子，内装火药，雷口用土填紧，留有一个小孔，从中通出火线。使用前，将地雷埋设于敌军必经之路上，同时埋设钢轮发火一个，与坛口引出的火线相接，其上用泥土与鹅卵石盖平，地面上安设一个与钢轮发火相连的绊索。当敌军人马触动钢轮发火时，即牵动发火机，引爆地雷。地雷内的泥土与卵石一起乱飞，大量击杀敌军人马。

3. 水雷

水雷是放置在水中的击穿性或爆炸性火器。我国古代的水雷最早创制于明代嘉靖年间，有水底雷、水底龙王炮和既济雷等。

水底雷是最早的击穿式水雷。明代右都御史唐顺之在《武编·火器》中记载，这种水雷是用一具名为大将军的火铳放在木箱内，用油灰黏缝，内藏火种，上用绳绊，下用三个铁钻坠之，埋伏于各港口。若敌船靠近，触动机关，则火铳将弹丸射出，以此来击沉敌船。

水底龙王炮是一种定时引爆的水雷，雷壳用生铁制造，重 2 ~ 3 千克，内装火药 5 ~ 10 升。雷口插信香一支，外壳包裹一层用牛脬制成的防渗浮囊，浮囊顶端再用一条细长的羊肠作为进入空气的通管，通到用鹅雁翎制成的水面浮筏上，使香火不至于熄灭。先将水雷固定在木排上，用石块将其坠入水中悬游。所用信香的长短，要根据作战河段水流的速度和距敌的远近而定。作战前，通常是在夜间将信香点燃，然后顺流漂放，待接触敌船时，香烬药

燃，水雷爆炸，击毁敌船沉没。水底龙王炮不但对雷体制作的要求很高，而且选用了质量较好的慢燃烧信香，设计了巧妙的通气管道，考虑了河水的流速，是明代后期水雷研制者聪明才智的精华所在。

既济雷是一种铸铁铳形击穿式水雷。雷体长 1.5 尺，直径 4 寸，内装发射火药 1 千克和 1 千克重的铅弹 1 枚。从发射药中接出一根慢燃药信至雷外，盘曲于雷体上。雷口加封黄蜡，然后将地雷钉在敌船船底上。一般击穿一艘船需用 8 个水雷。使用时，由潜水技能较高的水兵，把它们平均钉在敌船船底上。钉雷时，一并将药信点着，引燃发射火药，同时水兵迅速游离敌船。之后，铳中大铅弹射出，直接击穿敌船船底，使之沉毁。

4. 炸弹

这里所说的炸弹，是指古代用石头和铁制成的爆炸弹，主要有石炮、万人敌和击贼神机石榴炮等。

石炮一般是在椭圆形石料上挖凿坑穴而成，坑穴内装填火药，火药中插一根苇管，从中通出火线，然后将其压实封固。石炮造价低廉，杀伤力较大。明代后期多在长城沿线就近取石制作，贮于垛口附近，炸杀来犯之敌。现在在山海关城楼的兵器陈列室里就存放着当年明军制作和使用的大小石炮。

知识链接

山海关

山海关坐落在河北省秦皇岛东北部，是中国华北与东北交通必经的关隘。山海关北倚峰峦叠翠的燕山山脉，南临波涛汹涌的渤海湾，因此得名

“山海关”。山海关因其地扼东北通向华北的咽喉的重要地理位置而成为兵家必争的战略要地。山海关筑城建关是在明太祖时期，由于其地理位置重要，而且地势险要，修筑精巧，因此有“两京锁钥无双地，万里长城第一关”的赞誉。

山海关城由关城、东罗城、西罗城、南翼城、北翼城、威远城和宁海城七大城堡构成，居中的关城在其他城堡的围绕下，形成了一幅众星拱月图。关城四周有高大坚实的城墙，城墙长4769米、高11.6米、厚10余米，气势十分宏伟。城墙外有护城河环绕，护城河宽16米、深8米。关城的东、西、南、北分别建有城门，城东南隅、东北隅分别建有角楼，城中间建有雄伟的钟鼓楼。

山海关关口为一长方形城台，东西方向，城台东侧为关外，西侧为关内，城台南北与长城相接。在城台的中部，有一座巨大的砖砌拱门，可以开闭。城台上筑有一座两层的重檐九脊布瓦顶箭楼，楼高13.7米，南北长20米，东西宽10.1米，建筑面积198平方米。楼上下两层的外檐桁枋饰明代彩绘，西面下层中间辟门，上层三间均为木制隔扇门。东南北三面有箭窗68个，平时以木帛朱红窗板掩盖，板上有白环，中有黑色靶心，同彩绘桁枋相隔配合。

箭楼二层正面额枋前悬有巨幅匾额，上书“天下第一关”五个大字。此匾长5.8米，宽1.55米，匾上每个字都结构讲究，布局章法得当，其中“一”字长1.09米，繁体的“关”字竖长1.45米，“一”字一笔不显单薄，“关”字多笔不显臃肿。如此沉雄有致的笔力，与山海关形势相称，大有镇关之风，为关口增添了几分威严和光辉，把城楼点缀得更加气魄宏大，雄伟壮观。

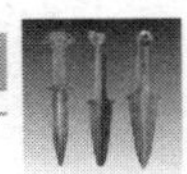

万人敌是明代末期研制的一种用手投掷的炸弹，专供守城士兵使用。其制作方法是用湿泥制成空心球壳，晾干后在壳内装填有毒性和燃烧性的火药，并从中通出火线，然后将其装入木框或木桶中，以防止碎裂。当敌军前来攻城时，守城士兵即点燃火线，将其掷向城下爆炸，以此来毒杀或焚烧攻城敌军。

击贼神机石榴炮是用生铁铸造的炸弹。它的形状像石榴，与碗一般大小，其作用类似现代的手榴弹。弹壳上留有一孔，以便向壳内装填致毒性火药与发烟剂。装药时先只装填五分之三，而后在其中放一个酒杯，杯内放置可以引火的火种。再用铁盖将炮口塞住，壳外涂上迷彩。使用时。或者把它抛到敌阵爆炸；或者把它放在路旁，让敌军人马踩踏，使炮内的火种受震起火，引起爆炸。由于炮内装有剧毒火药，因而可以毒坏敌人的喉咙和眼睛，使其失去战斗力。

火箭

这里说的火箭，既不同于宋代以前的纵火箭，也不同于宋代的火药箭，而是一种利用火药燃烧后所产生的气体反冲力推进的火箭。这种火箭在发射和飞行原理上，与现代火箭是一致的。早在北宋时期，我国就有人自发地运用这一原理，制成了能够高飞的“起火”（又称“流星”）。明建文二年（1400年）四月，燕王朱棣所率领的部队，在白沟河（流经今河北省）同明政府军作战时，被

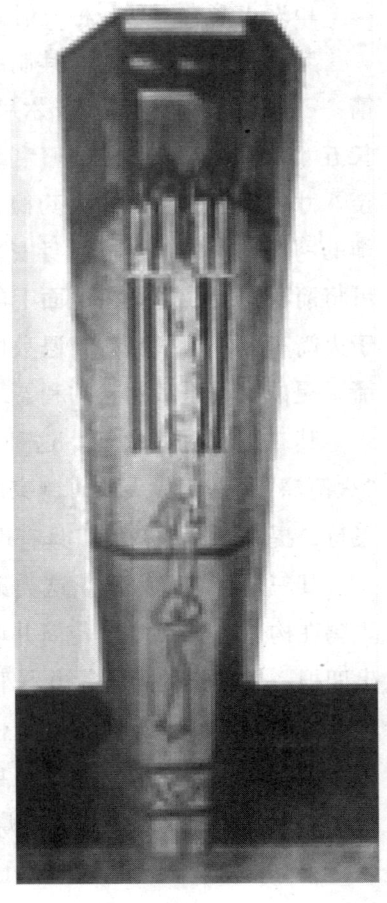

“一窝蜂”火箭

政府军使用的多发齐射式火箭“一窝蜂”，射杀许多士兵。这是我国史书上关于使用喷气式火箭进行作战的最早记载。到明代后期，各种单级和二级火箭频频问世，形成了我国古代火箭发展的高潮时期。

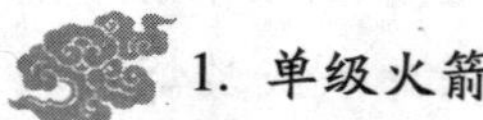

1. 单级火箭

单级火箭有单发和多发两大类。单发火箭每次只射出一箭，多发火箭每次可射出几支、几十支甚至上百支箭。

单发火箭有下列几种发射方式：

其一是架射式火箭。其制品有戚继光所部使用的飞刀箭、飞剑箭、飞枪箭“三飞箭”。它们都用长六尺至七尺、粗五分至七分的坚硬荆木作箭杆，镞长五寸，横阔八分，其锋坚利，能穿透敌兵的铠甲，镞后部绑附一个长七寸至八寸、粗七寸左右的火药筒，筒尾通出火线；箭尾有保持箭身在飞行时平衡的羽翎。水战时，将箭身安装于竖立在船舷的架上点火发射。陆战时，既可将箭身安装于竖立在地面上的叉形兵器镋的头部点火发射，又可将火箭载于火箭车上，随军机动，遇敌即点火发射，给敌以重大杀伤。因此，“三飞箭”是戚家军杀敌制胜的利器之一。

其二是槽射式火箭。这种火箭放在特制的滑槽上发射。这种滑槽又称“火箭溜”，是明代火器研制家赵士祯所创，它能使火箭按预定的方向和高度飞行，提高了命中精度，具有现代火箭导轨的作用。

其三是有翼式火箭。这类火箭有神火飞鸦与飞空击贼震天雷两种。神火飞鸦在构造上属于多火药筒并联式火箭。鸦身内装火药，背上钻孔，从中通出四根一尺多长的火线，并与鸦腹下斜插的四支起飞火箭的火线相连，然后用上好的绵纸将鸦身糊固，安上鸦形头尾与两翅，如空中飞行之势。使用时，先点燃四支起飞火箭，驱动鸦身飞行。飞抵目标时，起飞火箭的火线引燃鸦腹中的火线，使火药燃烧，焚烧目的物。

飞空击贼震天雷用篾竹编成，直径约三寸半，上安装两翅，雷身内部装填爆炸性火药与几支涂有毒液的箭，中间安装一个用纸制作的长约二寸的喷

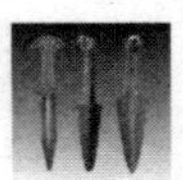

筒，用火线与雷身内装填的易爆药相连，外用十几层纸糊固。这种火箭多用于攻城。攻城时，士兵顺风点火，喷筒内喷出火药燃气，将其推至城上爆炸，顿时烟飞雾障，棱角扎人，是一种攻城的利器。

这两种火箭都是用单级喷气火箭运载冷兵器进行个体杀伤，是一个重要进步。它扩展了火箭的作战用途和增强了火箭的战斗威力。

多发齐射火箭。一般是将装有火药筒的多支火箭安置于一个口大底小的火箭桶中，桶内有分层箭格板，每格插一箭，然后把它们的火线集束一处，通出桶外。使用时，将火线点着，众箭齐发，提高了杀伤效率。它们的制品有三只虎钺（三支箭）、五虎出穴和小五虎箭（各五支箭）、一窝蜂箭（32 支箭，即前文提到的明军在白沟河之战中使用的火箭）、群豹横奔箭（40 支箭）、群鹰逐兔箭（60 支箭）、百虎齐奔箭（100 支箭）等10 多种。

2. 二级火箭

二级火箭的制品有火龙出水与飞空沙筒。

火龙出水的箭身由运载火箭加战斗部火箭组成。箭身用五尺长的上好毛竹制成，形如龙腹，前端安上木雕的龙头，尾部安上木雕的龙尾，龙腹内安有多支火箭，龙口呈昂张形态，便于龙腹内的火箭从口中喷出。龙头和龙尾的两侧，各安一支半斤重的起飞火箭，箭镞后部各附一个火药筒，箭尾有平衡用的翎羽。装配时，先将四支起飞火箭的火线并

火龙出水图样

联，然后再同龙腹内所安火药筒的火线串联。这种火箭大多用于水上作战。作战时，在离水面三四尺高处点燃四支起飞火箭的药线，将火箭推进二三里，当四支起飞火箭的药线燃尽时，恰好点着龙腹内火箭的火线，将火箭射向目标，杀伤敌军。

飞空沙筒是一种用后可以返回的二级火箭。箭身用薄竹片制作，连火药筒共长七尺。供起飞和返回用的两个火药筒，互相颠倒绑附于箭身前端的两侧。起飞用的火药筒喷口向后，其上连接另一个长七寸、直径七分的火药筒，内装燃烧性火药与特制的毒沙，筒顶上安几根薄型倒须枪，构成战斗部。返回用的火药筒喷口向前。三个火药筒依次相连，然后将火箭放在“火箭溜”上待射。使用时，先点燃起飞火箭的火线，对准敌船发射，用倒须枪刺扎在篷帆上。接着，作为战斗部的火药筒喷射火焰与毒沙，焚烧敌船。当敌船上士兵想要救火时，因毒沙迷目，难以入手。在火焰与毒沙喷完时，返回火箭的火线被点燃，引着筒内火药，借助产生的火药燃气反冲力，将飞空沙筒反向推进，使火箭返回。最早记载飞空沙筒的是兵书《武编》，是右都御史唐顺之所著，刊印于嘉靖三十九年（1560 年），时称“飞空神沙火”，《武备志》转载后改称现名。由此可见，我们的祖先在 1560 年以前，就已经掌握了二级火箭的制造和发射技术，它为现代火箭的创制，提供了有益的启示，是我国古人对火箭技术发展所做出的重大贡献。

知识链接

战国（公元前 475—公元前 221 年）的重要军事发明

出现可运送士兵渡过壕沟的“壕桥”。

在战争中应用铁矛。

在军事侦察中应用可以升高瞭望的“巢车”。

战国已在防守中应用了“铁蒺藜”，监听地下响声的“地听”，堵塞地道或城门的“塞门刀车”，并备有水以防敌人火攻。

出现了用于水战的“钩强”（一种类似云梯的攀爬式攻城器具）。

在战斗中扇风扬起灰砂，制造烟尘。

在战斗中利用醋来防止中毒。

晚期已有铁戟与铁甲胄。

第二节 火枪、火铳、火绳枪与燧发枪

火枪

火枪是管形火器的最初制品，创制于南宋时期，是南宋火器发展的又一重要成果，其标志性产品有绍兴二年（1132 年）陈规创制的长竹杆火枪，绍

定五年（1232 年）金军使用的飞火枪，以及开庆元年（1259 年）寿春府（今安徽寿县）地方创制的突火枪。火枪的创制，使火器在使用方式上发生了飞跃，它不再需要借助弓弩和抛石机而能独自发挥作用。长竹杆火枪可用于喷火燃烧，是火筒一类火器的前身。飞火枪可以装备单兵作战，并出现了由数百名士兵组成的飞火枪队。突火枪以巨竹为筒，能发射子弹击杀敌兵。它们都是初级燃烧性火器向管射系列火器过渡阶段的制品，为火器向高级阶段的发展奠定了基础。

1. 长竹杆火枪

长竹杆火枪是最早见于史书记载的火枪，它的创制者陈规是南宋德安（今湖北安陆）知府，山东密州安丘（今山东诸城）人。绍兴二年（1132 年）六月，有一股被金军战败的宋军转而为盗，前来劫掠德安。为了进行攻城，他们制备了一种高三丈五尺、阔二丈、底盘长六丈，共分三层的大型攻城器械——天桥，准备攻城。天桥的四面都蒙上牛皮、厚毡，遮挡矢石，士兵可从后面分三层登桥攻城。陈规一面用干竹、柴草及 300 多头火牛准备火攻，同时又用火炮药造下长竹杆火枪二十余条，待机焚烧天桥。当这股盗贼猛烈攻城时，陈规乘天桥在被填的壕面上倾陷之机，一面指挥士兵推柴草至天桥下焚烧，一面又组织一支由 60 人组成的长竹杆火枪队，自德安城西门冲出，点着枪内火药，喷出火焰，烧着天桥，天桥很快化为灰烬。其余守军也采用各种方式打退乱军的进攻，取得了德安守城战的胜利。陈规也因此成为创制和最早使用管形火器的军事技术家。

2. 飞火枪

陈规创制的长竹杆火枪，由于枪身长大，需要三人使用一支，单兵难以使用。时隔百年之后，金军士兵使用的飞火枪终于问世。飞火枪在长枪头部后面绑附一个火药筒，筒身用 16 层上好的敕黄纸糊成，长二尺多，内装火药

与铁屑等物，有火捻从中通出。作战时，士兵持枪一支，带铁罐一个，内藏火源，用以点着枪内火药，火焰可喷出一丈多远，烧灼敌兵。飞火枪小巧轻便，利于单兵手持，因其可将火焰喷射至一丈多远，故有飞火枪之名。飞火枪创制后，金军将其视为秘密武器，用以对付蒙古军的进攻。南宋绍定六年（1233 年）正月，金军将领崔立在南京（今河南开封）战败，向蒙古军献城投降。金哀宗已在绍定五年十二月，率领少数臣僚和将士逃往归德（今河南商丘县南）。蒙古军亦尾追而至。金忠孝军将领蒲察官奴，秘密准备火枪、战具，准备袭击蒙古军。绍定六年五月五日，蒲察官奴率 450 名忠孝军，编成飞火枪队，夜袭蒙古军兵营。蒙古军从梦中惊醒，一时手足无措，金军 450 支飞火枪火焰齐喷，营房四下火起，蒙古军纷纷溃逃，慌乱中跌入河中淹死者有 3500 多人。金军焚烧了蒙古军的营寨，取得了夜袭蒙古军的胜利。

金军创制的飞火枪，枪小而轻，便于单兵携带，能独立作战，既可喷射火焰烧灼一丈多远的敌军士兵，又能在火焰喷射完毕后，用锋利的枪头刺敌。这是我国兵器发展史上第一次装备集群士兵作战的单兵火枪，也是最早的一种单兵两用火枪。它的创制和使用，标志着我国单兵火枪的正式诞生。

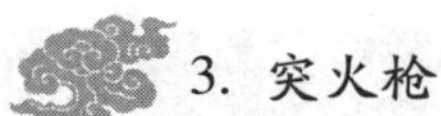

3. 突火枪

飞火枪虽能喷焰灼敌，但还不能用发射物击杀敌军。南宋开庆元年（1259 年），寿春府（今安徽寿县）地方的抗金军民，制成了能用发射物直接击杀敌军的突火枪。此枪以巨竹为枪筒，筒内装填火药与子窠（一种最早的弹丸）。使用时，士兵点燃火药，射出子窠击杀敌人，响声传闻甚远。由于这种枪是在火药燃烧后气体突然膨胀而将弹丸射出的，因而被称为突火枪。突火枪已经具备管形射击火器的三个条件：一是枪筒，可用它装填火药与弹丸；

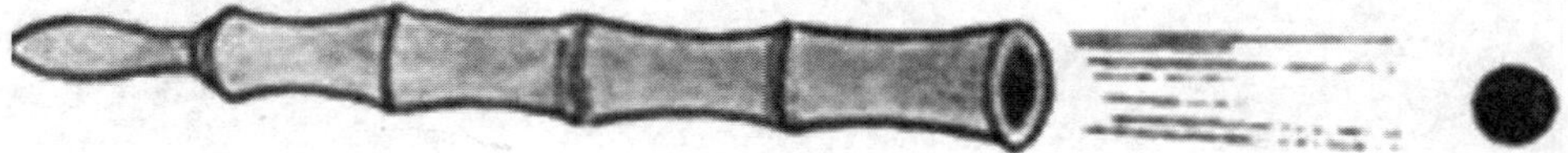

突火枪

二是火药，可用它将弹丸射出；三是子窠，可用它击杀敌人。突火枪创制之事，历来受到各国火器史研究者的重视，称它是后世枪炮的鼻祖。

火铳

火铳是中国古代第一代金属材质管形射击火器，又称“火筒”，以火药发射石弹、铅弹和铁弹，是在南宋长期使用的各种火枪的基础上，随着火药性能的提高而逐步发展起来的，是元明时期军队的重要装备。

火铳不仅开创了在金属管形火器中装填弹丸的先例，而且使热兵器的发展进入一个新的阶段。它使交战双方的形势开始发生了变化。火器从此开始取代冷兵器的地位，成为战场上决定胜负的重要因素之一。

火铳起初是用铜铸造，叫作“铜火铳”，后来又改用生铁铸造，称为“铁火铳”。通常分为单兵用的手铳，城防和水战用的大碗口铳、盏口铳和多管铳等。

火铳

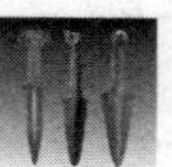

1. 手铳

手铳是一种小型火铳，是单兵手持式金属管形射击火器，初创于元代，盛极于明代前期。

目前所见出土和传世的元代手铳，大多制于13世纪末至14世纪初，而制于元代至正十一年（1351年）的手铳，则是元代手铳的代表性制品。

由于手铳比突火枪具有较多的优点，因而被元军和元末农民起义军广泛应用。元至正十四年，元廷派淮东宣慰使纳速剌丁率部进攻张士诚的反元军队。作战中，其部曾“发火箭（即铳）火镞”，射杀张士诚部下许多人。至正二十四年，元朝上都留守兼开平府尹达礼麻识理，曾指挥一支“火铳十五相连”的部队，进行内战。至正二十六年十月，朱元璋的部将徐达在进攻平江时，曾在城外架设火铳，攻击城内的张士诚部。

明洪武手铳是洪武年间制造的，是朱元璋部队在元末农民起义战争中所用手铳的后继制品，明王朝建立后得到迅速的发展，成为明初作战和加强城寨营垒守备的重要兵器。

同元手铳相比，洪武手铳制造工艺精细、表面光滑、管壁厚薄均匀、外形美观，口径为20～22毫米，误差不超过2毫米；长度40～44厘米，误差小于4厘米，表面大多刻有铭文，其内容大致包括手铳的制造单位、制造地点、监造官的职衔，设计和制造手铳的军匠、民匠、教匠、教师的姓名，习学军匠、习学军人的姓名，还有手铳的重量和制造年月等。

明永乐朝为了进行战争和加强国防建设的需要，大力发展手铳制造业，使手铳得到长足的发展。从出土实物看，永乐手铳比洪武手铳又有许多改进。首先，造铳工艺更为精细，口径为14～15毫米，误差不超过1毫米；长度为35～36厘米，误差小于1厘米；铳身小巧灵便，士兵容易携带。其次，构造更为合理，铳壁前薄后厚，在外形上前细后粗，这是因为火药在药室内燃烧后，铳管后部靠近药室，所受的膛压大，所以铳壁要厚些；铳管前部离药室较远，所受的膛压小，所以铳壁可以薄一些。再次，在火铳的火门外增加了

一个活动盖，用时可以打开，不用时可以关闭，以保持药室中的火药处于洁净、干燥的待发状态。最后，增配了一个定量的装药匙，使每次装填的火药量相等，保证弹丸射出后的威力和发射时的安全。

永乐以后至嘉靖以前的手铳，都按规格制造和刻制铭文。在已经出土的永乐手铳都用一个汉字为首进行编号，现在已经发现有以天、胜、英、奇、功、神、电等字为首进行编号的，它们都由兵仗局和军器局制造。若把已经出土的各种编号最大的手铳数加在一起，可以估算出当时至少已经制成手铳178400支。由此可见，手铳已成为明军主要的武器之一。

据文献记载，除上述手铳外，还有单兵使用的其他一些手铳，如无敌手铳、快枪、连子铳、一窝蜂等，它们各有特色，成为明军的辅助装备。

2. 多管和多发手铳

为了提高火铳的射击速度和射弹量，明朝自嘉靖年间（1522—1566年），还创制了多管和多发手铳，它们从二管至三十六管不等，可连射或齐射2发至上百发弹丸，是明代后期手铳发展的一个重要方向。它们的构造形式有四种。其一是用各支单管手铳互相平行绕轴加固而成，共用一根手柄，每铳各有火门，点火后可连射或齐射，这类手铳的制品最多。其中有二管的夹把铳、飞天神火毒龙枪，三管的三眼铳、四管的四眼铳，五管的五排枪，七管的七星铳，十管的子母百弹铳等。其二是由两支单铳背向安置于一根长柄的两头，铳口向外，射毕一头再射另一头。其三是在一支较长的铳管上，分段开出火门和装填火药，作战时自前至后，依次发射；如十眼铳就是在一支五尺长的铳管上，以中间一尺实体为分界线，其余两端各长二尺为铳管，每端平分五节，每节长四寸，内装火药与弹丸，作战时先依次射毕一端的五发弹丸，尔后再发射另一端的五发弹丸。其四是将多支单铳安于一个车轮式转盘上，进行转动式发射的多管铳；如车轮炮就是将三十六支单铳，附着在一个车轮式圆盘的十八根辐条上，进行转动式发射的多管铳。有的多管铳还可以一铳多用，如夹把铳在弹丸射出后，可用枪锋刺敌；三眼铳的弹丸射毕后，可将三

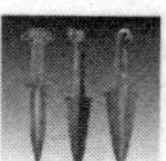

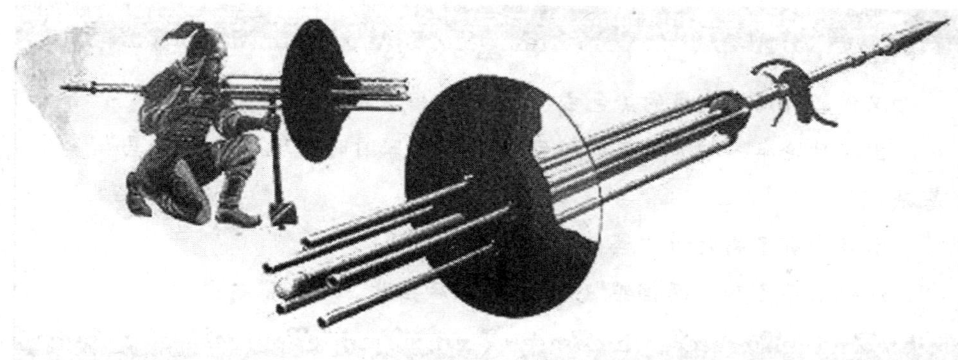

明代三眼铳

支铳管作铳头击敌。

明代前期的手铳虽然得到了长足的发展，多管和多发铳也屡有创制，但是由于点火方式落后，射击费时，发展受到限制，因而在欧洲的火绳枪传入以后，便退居次要地位。

知识链接

秦汉（公元前221—公元220年）的重要军事发明

秦代（公元前221—公元前206年）

秦陵中出土的铜车马，反映了当时卓越的制造技术。

已有暗器“伏弩”。

汉代（公元前206—公元220年）

广泛使用“环首刀”，并应用了锤。

防御建筑中已有烽火台，用于传递军事信息。

汉代盛行用铁制成的黑色玄甲。

出现独轮车，增加车辆的机动性，也为三国时出现“木牛流马”奠定基础。

水战中有了高大的“楼船”。

汉代末年已有“两挡铠”，前挡胸，后挡背。

火绳枪

火绳枪是现代步枪的直接原型，在火器发展史上具有里程碑式的意义。

火绳枪的枪上有一个金属弯钩，弯钩的一端固定在枪上，并可绕轴旋转，另一端夹持一条燃烧的火绳。士兵发射时，用手将金属弯钩往火门里推压，使火绳点燃黑火药，进而将枪内装填的弹丸发射出去，故名火绳枪。由于火绳是一根麻绳或捻紧的布条。放在硝酸钾或其他盐类溶液中浸泡后晾干的，所以能缓慢燃烧，燃速每小时 80 ~ 120 毫米。这样，士兵将金属弯钩压进火门后，便可单手或双手持枪，眼睛始终准目标。火绳枪是 1450 年左右欧洲火器研究者在火枪的基础上改进而成的一种兵器。

火绳枪的出现改变了战争的形态，到 17 世纪末期燧发枪开始大规模取代火绳枪的时候，冷兵器已经退居次要地位。

日本天文 12 年（明嘉靖二十二年，1543 年）8 月 25 日，一只载有 100 多人的船在日本九州岛以南的种子岛靠岸。船上有 3 名葡萄牙人，以及化名为明朝五峰的王直（后称静海王王直的大倭寇头目）。这几名葡萄牙人就随身带着火绳枪。日本地方军阀时尧氏见后视其为稀世之珍，称之为“铁炮”，遂出重金购买，并派家臣条川小四郎向葡萄牙人学习火绳枪的使用及其火药制

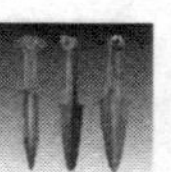

作法，仿制了十几支。不久，日本的一些冶铁场便先后仿制出日本式的火绳枪。当时的倭寇还把这种火器用于对中国的掠夺战争中。

其实中国明朝军方早在嘉靖元年（1521 年），就在广东新会西草湾之战中从缴获的 3 艘葡萄牙舰船中得到过西洋火绳枪，但当时并未引起重视。直到 1548 年，又在缴捕侵扰我国沿海双屿的倭寇时，缴获了日本的火绳枪（铁炮），这才引起了明朝军方和政府的注意。

对于这种缴获来的火绳枪（铁炮），明代的军器局和兵仗局称其为鸟铳、鸟嘴铳和鸟枪，并开始进行仿制和改制，制成了各种火绳枪。

1. 鸟铳

鸟铳由铳管、准星、照门、扳机、铳床、弯形铳托等部分构成，用火绳点火发射。

鸟铳的扳机形似金属弯钩，一端固定在铳托上，另一端是夹钳火绳的龙头形机头，简称龙头。发射时，射手先点燃火绳作火源，然后扣动扳机，龙头下旋，火绳头落入药室中点着火药，将弹丸射出。

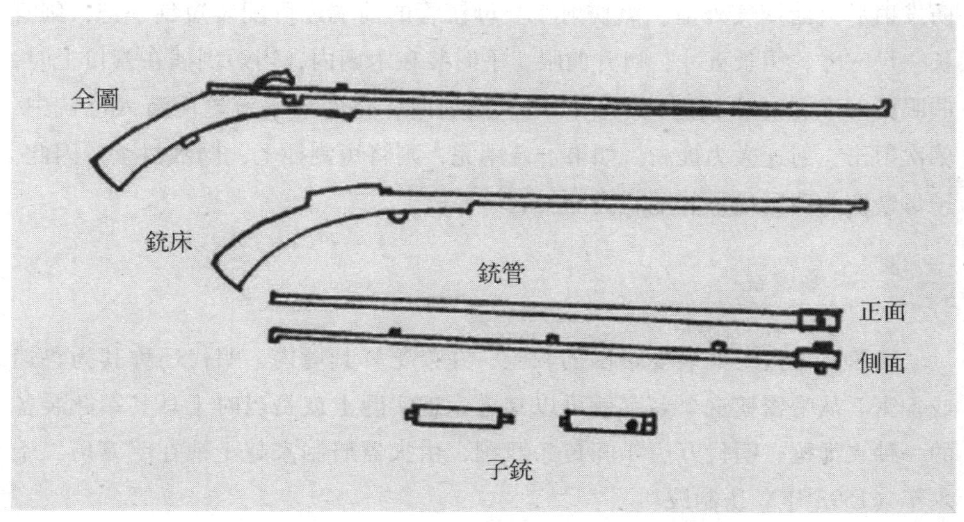

鸟铳结构图

由于鸟铳管前有准星，后有照门，并安有弯形枪托，所以射手在射击时将面部的一侧贴近铳托，运用“三点一线”的射击原理进行射击，即以一目对照门，通过照门瞄视准星，以准星对准目标，用左手托铳，右手扣动扳机，将弹丸射出。而后再装填弹药，进行连续射击，因而提高了射速和命中精度，增大了射程和杀伤力，明代人说它能射百步之远。

由于鸟铳远比手铳优越，所以明朝的兵仗局在嘉靖三十七年（1558 年），采用精炼的钢铁，制成一万支鸟铳，交由明军使用。此后，军工部门便组织火器研制者，进行不断的研究，制成了子母铳等各种新型的火绳枪。

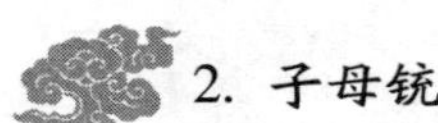

2. 子母铳

子母铳是由母铳和子铳构成的单兵火绳枪，大约自明嘉靖四十年（1561 年）开始使用。母铳管的长短粗细、铳床、弯形铳托、扳机，以及主要附件，基本上与鸟铳相似。按当时规定，每支鸟铳配四支子铳。子铳长七寸，重一斤，安有一个小铁牌作为擎手用。铁牌上开有一个小孔，与母铳管前端的准星对准，并与母铳管尾部的照门相配称。子铳口与母铳槽相衔必须紧密，以防发射后火药烟气外泄，熏伤射手。母铳管的前端还可配装短剑一把，剑身长一尺三寸，刃长五寸，口开曲眼，平时装在木函内，当短剑插在管口上时，曲眼正对准星，全铳连剑共长五尺。发射时，将四支子铳轮流装入母铳中，依次射击，射速大为提高。如果子铳用完，则将短剑插上，同敌拼杀。因此，子母铳实为我国最早装配制式枪刺的单兵枪。

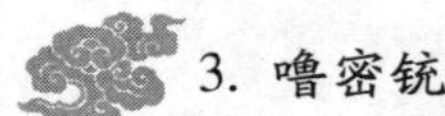

3. 噜密铳

噜密是 1 世纪奥斯曼帝国的领土，在今土耳其境内，明代还称其为鲁迷或鲁密。从噜密铳这个名字就可以知道，这实际上就是当时土耳其军队装备的一种火绳枪，明代万历年间传入我国，由火器研制家赵士祯在明万历二十六年（1598 年）仿制成功。

噜密铳身长六七尺，重 3 ~ 4 千克，尾部有钢制短刀一把。其基本构造与

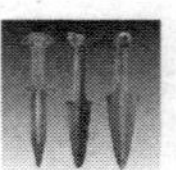

鸟铳相似，但扳机有所改进。噜密铳的扳机和机轨分别用铜和钢片制成，厚若铜钱。机头与机轨都安在铳把上，并在贴近板机处安置一个一寸多长的小钢片，以增加弹性，使扳机能够捏之则落，射毕弹起，具有较好的回弹性。噜密铳装填的火药较多，威力大于同时期欧洲的火绳枪，而且比日本的火绳枪轻，所以明廷军工部门大量仿制，装备明军使用。据徐光启在明天启元年（1621 年）二月十七日奏称，他在组织明军训练时，曾领取 2000 支噜密统，经过几个月的使用，只有几支损坏，其余都完好如初。说明这是一种质量较好的火绳枪。

为了能使明军较好地掌握噜密铳的射击方法，赵士祯还把他从噜密国掌管火器的官员朵思麻处获得的射击程序，全部刊印在《神器谱》中，并附有图形加以说明。其程序为：首先是倒铳药，即把火药从药罐倒入药管中，每管药恰好发射一弹；其次是装铳药，即把药管中的火药从铳口倒入铳膛中；其三是实药装弹，即用搠杖（清刷枪膛用的细长杆）将装入铳膛内的火药压实、压紧，然后取出弹丸装入铳膛，再用搠杖将弹丸压入火药中，使弹丸射出有力；其四是着门药，即把发射药罐中的火药从火门倒入药室中，直到装满为止，以使发射药与铳膛内的火药相接，尔后将火门盖盖上；其五是着火绳，即把火绳放入扳机的龙头式夹钳内，准备点火。在上述装填程序完成后，射手即处于听令待发状态，根据临战时的双方位置，选取不同的射击姿势。其中有：蹲跪式射姿，即敌在低洼我在高处时，便踞前脚，跪后脚，左手托铳，右手肘拄膝盖，铳尾紧夹在右腋下，进行瞄准射击；立式射姿，即敌在高地我处低洼时，前脚稍挺直，后脚稍跄，不偏不斜，举枪对敌，进行瞄准射击；十几步内近战射姿，即在距敌较近，已来不及瞄准，只需将铳尾紧倚右胸肋之上、奶头之下，左手托铳，右手扣机，进行应急射击；五六步内近战射姿，即在距敌很近，已来不及点燃火绳，便直接从火门点火，进行临急射击。上述装填过程和射击姿势，基本上适用于当时所使用的各种单管火绳枪，具有鲜明的时代特色。它对我们了解当年火绳枪的使用有重要的作用。

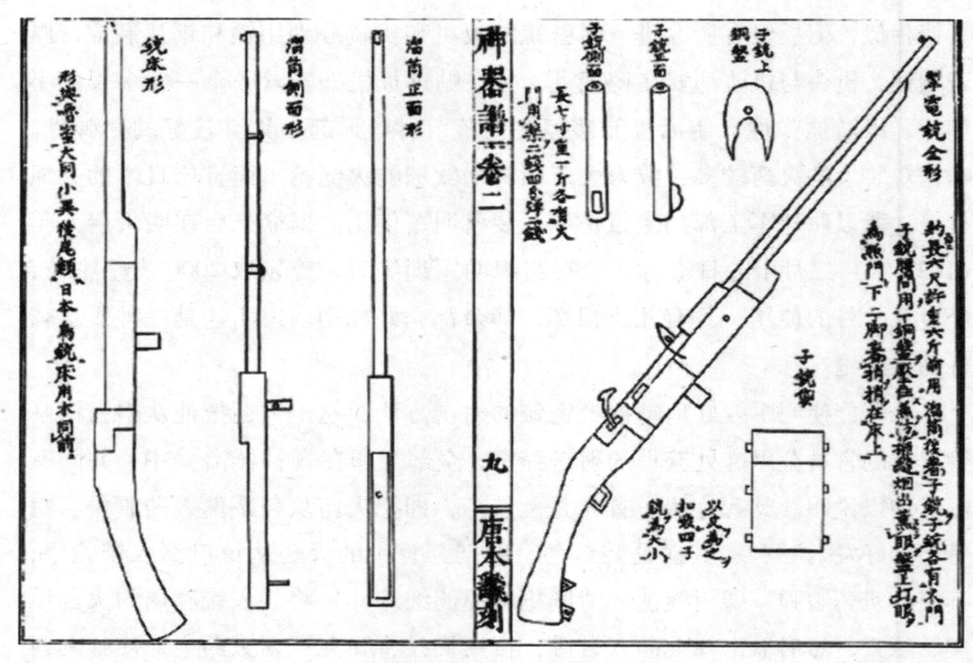

《神器谱》所载掣电铳及分解图样

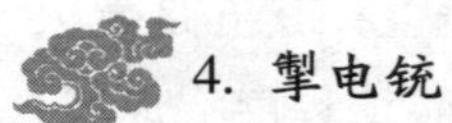

4. 掣电铳

掣电铳全长6尺多，重6斤。其形似火绳枪，适合单兵使用；由于备有子铳，故可轮流发射，这是赵士祯取欧洲火绳枪和小型佛郎机之长改良而成的一种火绳枪。其母铳管安于铁床上，每支母铳配五个子铳。子铳长六寸，重十两（古代十六两为一斤），开有火门，内装火药与弹丸，平时装于皮袋中，每袋可装四个。从构造特点看，掣电铳是赵士祯所创火绳枪中性能最好的一种。

除上述火绳枪外，明代后期还有剑枪、大追风枪，以及赵士祯创制的鹰扬铳、兰长铳、震叠铳等火绳枪，它们都各有特点，争胜于一时。

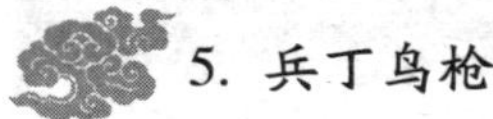

5. 兵丁鸟枪

兵丁鸟枪是清朝前期（即鸦片战争前）清军使用的一种火绳枪，枪管用铁制造，枪长2013毫米，铁弹丸重一钱，装药三钱，木托下安330毫米的叉脚。满汉八旗士兵用黄色枪托，汉军用绿色枪托。兵丁鸟枪使用年代较长，但在枪身的形制构造与发火装置上都没有改进，在鸦片战争中，其落后之处已暴露无遗。

知识链接

八旗制度

1601年，后金天命汗努尔哈赤基于战争的需要，将女真族传统的狩猎组织牛录（十人一组的出兵或狩猎组织），改编成结合平时生产、战时出兵出征的小单位。开始只设“黄红蓝白”四旗，后又增设四旗，周围嵌上其他颜色，称为镶黄、镶红、镶蓝、镶白，与原本的纯色的正四旗合称为八旗。最初，旗下并不分民族属性。皇太极继位后，从满洲八旗中分出蒙古八旗，又另外组建汉军八旗。因为有了这三个支系，很多史料又将满洲、蒙古和汉军八旗统称为“二十四旗”。

在八旗制度初立之时，由于战争中获得的财物、奴隶皆归士兵所有，所以旗下将士出征之时“无不欢跃，其妻子亦皆喜乐”。八旗军队靠着赏罚分明、不畏艰苦、弓马娴熟、奋勇征战的精神令明军和大顺军畏惧不已。

随着清朝统治者问鼎北京，他们在八旗之外又组建了由明朝、大顺和大西降军等汉族人民组成的绿营来充当另一支正规军。不久，清廷出台一系列政策，给予八旗子弟种种政治、经济特权。从那时起，八旗军队中开始逐渐出现生活腐化的情况。

经历康雍乾三朝之后，八旗将士的生活日趋堕落。乾隆年间，因为财政原因导致大量汉军旗人出旗为民。鸦片战争爆发后，随着割地赔款，白银外流，清廷已经无力供养八旗子弟，统治者开始默许旗人自谋职业，甚至跨旗居住，制度的整体性逐渐名存实亡。1911 年，辛亥革命爆发，宣统帝宣布退位，清朝灭亡。八旗制度至此也正式退出历史舞台。

6. 抬枪

抬枪出现于清道光年间，又称二人抬或抬炮。据耆英在清道光二十一年（1841 年）三月称，当时使用的抬枪长 7.5 尺，木鞘长 5 尺，装填火药 3.5 两，发射五钱重的铅丸，由二人用火绳点火发射，射程约 300 步（每步约 5 尺），射速每分钟一发。可见抬枪实际上是一种重型火绳枪，至今山海关城楼上还陈列着当年清军使用过的一种抬枪。

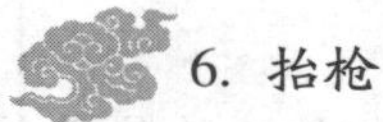

燧发枪

燧发枪是利用燧石枪机点火发射的枪。初创于 16 世纪 20 年代的德国。17 世纪初，法国率先使用燧发枪。之后，其他国家也先后使用燧发枪。明末火器研制者毕懋康于崇祯八年（1635 年）刊印的《军器图说》中，首次介绍了燧发枪，当时称作自生火铳。这种枪是将火绳枪用火绳点火的装置，改进为用燧石发火的装置。它是在发火装置上安置一块燧石，发射时，由射手扣

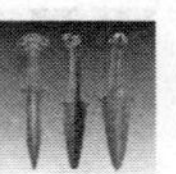

动扳机，安装于扳机上的龙头下击，同燧石摩击生火，火星落入药室中，使火药燃烧，产生气体推力，将弹丸射出。燧发枪的优点有二，其一是不怕风雨，其二是不用事先点火，只要在使用时连续扣动扳机，摩击燧石，便可连续发射。燧发枪的创制和推广使用，使单兵枪又产生了一次更新。

我国对燧发枪的研制并不算晚，但由于没有受到足够的重视，所以直到康熙年间，才被用作皇帝打猎的御用枪。其中最为著名的就是康熙御用枪。

1. 康熙御用自来火二号枪

这是专为康熙皇帝打猎行围制造的一种燧发枪。全枪长 4.1 尺，枪管长 2.7 尺，口径 3 分。枪管前端安有准星，后部设有照门，安于特制的枪床上，采用转轮式枪机。发射时，先用钥匙将轮弦上满绞紧，然后扣动扳机，轮弦遂急速松动，轮机即快捷旋转，摩击燧石，溅出火星，落入药室中，点燃火药，将弹丸射出。这是迄今所见传世实物中最早的一种燧发枪。

2. 直槽式燧发枪

此枪因在枪膛内开有几根直槽而得名。北京故宫博物院内存有实物，经过测量，枪长为 1500 毫米、管长 1065 毫米、口径 16 毫米。枪管上有准星、照门，膛内刻制的直槽减少了弹丸与膛壁的摩擦，有利于从枪口装填弹丸，也便于在发射后清除残存于膛内的火药残渣。为了避免火药燃气从直槽内的缝隙中泄出，又在弹丸外部包裹松软的织物，使之起某种程度的紧塞作用。

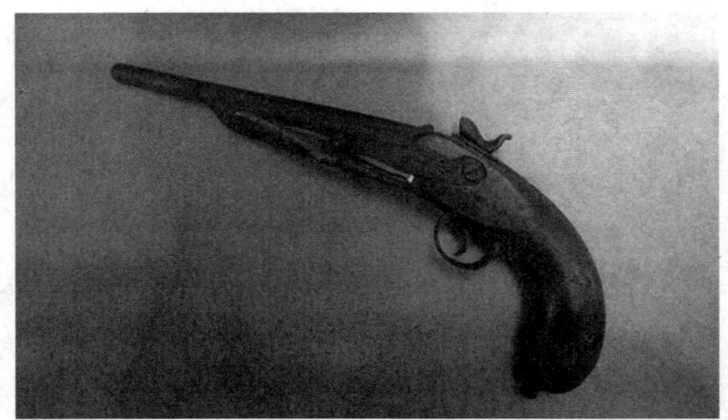

燧发枪

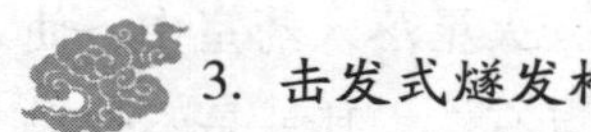

3. 击发式燧发枪

北京故宫博物院内存有实物，经过测量，枪长为1185毫米、管长880毫米、口径17毫米。枪机的龙头上夹钳一块燧石，燧石前树有火镰，火镰同时具有火门盖的作用。发射时，先扳起龙头，使压簧被制动锁控制，与扳机相属。扣动扳机后，龙头下旋，燧石与火镰猛烈撞击，溅出火星，把火药点着，将弹丸射出。

第三节 火炮

火炮是利用火药燃气压力等抛射弹丸，口径等于或大于20毫米的身管射击武器。

轻型火炮

早期的火炮都属于轻型火炮，其前身是元代和明初的盏口铳与碗口铳，到清代已发展成多种形式。

早在元代，当时的军队中就已经装备了最早的金属身管火炮——青铜盏口火铳。发现于1987年7月的一尊元代火铳是迄今为止所发现的我国最早的有明确纪年的铜火铳，也是迄今所知世界上最早的火炮。

这尊元代火铳1998年10月入藏蒙元文化博物馆，并于2004年经过中国

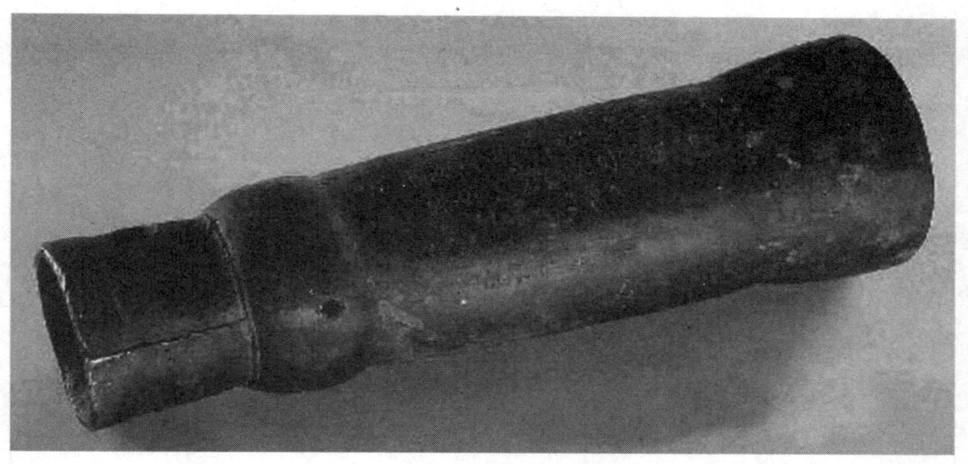

大德二年碗口铳

社会科学院考古研究所、中国人民解放军军事科学院战略部历代战争和战略研究室、内蒙古大学蒙古学研究中心的有关学者共同认定为世界上最早的火炮。此炮为铜铸，全长34.7厘米。铳身竖刻两行八思巴字铭文表明其制造于“大德二年”，即1298年。

知识链接

三国两晋南北朝（220—589年）的重要军事发明

三国及魏晋（220—420年）：

曹操与袁绍的“官渡之战”中，曹操发明了砲车。

蜀之诸葛亮发明“连弩”，能连发十箭。

蜀之诸葛亮创制“木牛流马”，在栈道上运粮。

吴已有撞击城门的“撞车”。

三国时已有了双体船。

南北朝（420—589 年）：

在水战中应用了“拍竿”。

出现“明轮船”，使船舶动力系统有明显改进。

广泛使用“明光铠”。

盏口铳的口部像古代人喝酒所用的酒盏，所以当时人们就给它这样一个名称。它由酒盏形铳口部、铳膛、药室和尾部构成。中国国家博物馆藏有一门元至顺三年（1332 年）制造的盏口铳。

碗口铳是由于其口部形状像一个大碗而得名。它在构造上与盏口铳大同小异，在元末明初时已经用于作战。在已经搜集到的六门实物中，铳身大多刻有铭文，其中年代最早的一门系由明代铸钱机构宝源局制于明洪武五年(1372 年)。

除上述火炮外，还有一种与碗口铳构造相似的大型铳炮，这就是 1988 年 4 月 1 日在山东省蓬莱县马格庄乡营子村出土的一对大铳炮。炮身刻有“莱州卫莱字七号大炮筒重一百二十斤洪武八年二月有宝源局造”等字（另一门除“九号”、“一百二十一斤”两处不同外，其余刻字全同）。这是截至目前已经出土的最大的一对碗口铳。

还有一种“明洪武大铁炮”，在历史文献上没有记载，出土的实物也很少，除了山西省博物馆收藏的三门实物外，其他地方至今都没有发现。这三门铁炮的炮身全长 1 米、口径 210 毫米，两侧安有提柄，各长 160 毫米。炮身

刻有“大明洪武十年……平阳卫铸造”等字。

嘉靖年间的虎蹲炮，以外形像猛虎蹲地而得名。这是戚继光于嘉靖年间在东南沿海剿浦楼寇时组织部下研制而成的一种轻型火炮。炮身全长2尺、重36斤，前后有五六道宽铁箍，口端有铁爪铁绊，可用铁钉固于地上，以便消减发射时产生的后坐力。这种火炮多用于控扼险要之地，一发能射上百枚小弹丸，是杀伤密集进攻之敌的利器。由于炮身轻巧，便于机动，适合在山林水网地带作战使用。戚继光在明隆庆二年（1568年）调到蓟镇练兵时，用虎蹲炮装备骑兵营，成为很好的骑兵炮。

明嘉靖年间，还铸造了多种类型的发射爆炸弹的火炮，主要有毒火飞炮、铁棒雷飞炮、轰天霹雳猛火炮，以及火兽布地雷炮、八面旋风吐雾轰雷炮等七八种。

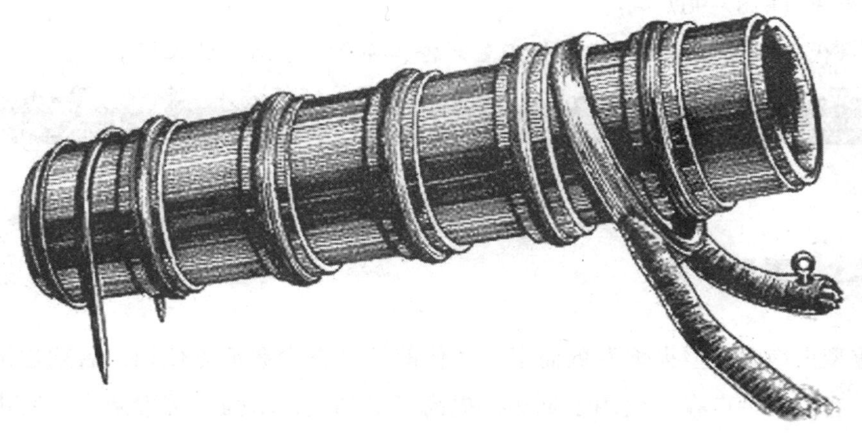

虎蹲炮

还有明初装备神机营的小型将军炮，到明末已退居为辅助性火炮。这类火炮的出土实物较多，山海关城楼至今仍陈列着好几门。它们的长度为600~900毫米、口径为55~85毫米，炮身的铭文表明，它们大多制于明崇祯十四年（1641年）前后。此时明军与后金军之间的战争正在激烈进行，这些火炮都是为战争的急需而制造的，多为关外和守卫北京的明军所使用。

清代把400斤以下的火炮列为轻型火炮，主要制品有龙炮、威远将军炮、回炮、神枢炮等。这里就不一一介绍了。

隋唐（589—907年）的重要军事发明

隋代（589—618年）：

中国道家发明了火药。

隋代已有砖砌城墙。

唐代（618—907年）：

唐代已出现了梯身封闭、梯下置六轮、梯分上下两节的云梯。

重型火炮

重型火炮由轻型火炮发展而来，明代前期已有少数地方使用，后期逐渐增多。它们的特点在于使用了炮车，提高了机动性，增强了摧毁威力。其中比较著名的有大将军炮、攻戎炮、千子雷炮、百子连珠炮等。

大将军炮起用于明代中期，有大中小三类，分别发射七斤、五斤、三斤重的铅制弹丸。最初多为固定式，用于守备隘口；后来用车运载，进行机动作战。

攻戎炮安装于双轮炮车上，车上有一个用榆木或槐木挖凿而成的车厢，炮身嵌置在车厢中，用五道铁箍同车厢固连，车厢两侧各有两个铁锚，发射时将铁锚钩在地上，以固定炮车，减少后坐力。

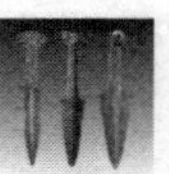

千子雷炮的炮管用铜制造，长一尺八寸，口径五寸，内装火药六分、弹丸二三升。炮身用铁箍箍于四轮车上，车前端有挡板，可隐蔽炮身。待敌接近时，即去板射击，使敌猝不及防。

百子连珠炮的炮管用精铜熔铸，长四尺，内装火药一升五分，前部开有一孔，通过孔口可安装一个装弹嘴，通过装弹嘴。一次能向管内装填上百枚弹丸，然后安装于坚木架上发射。炮管后部的尾轴，可调整射角和射界。

短管炮是近代臼炮或迫击炮的前身，它射出的炮弹弹道呈弯曲状，主要用于杀伤城墙和高大建筑物后面敌军的有生力量，摧毁敌军的装备和设防工事，是仰攻高城和山寨、石碉的有力武器。清代的威远炮和冲天炮都属于短管炮。它们的名称虽然不同，但其基本构造和使用方法是一致的。其中有代表性的是威远炮。

威远炮即威远将军炮，炮长二尺三寸，重750斤，外形粗短，状若仰钟。这种火炮的射程远近，由装药量的多少和炮身俯仰角的大小而定。北京故宫博物院收藏有清康熙二十九年（1690年）制造的一门威远将军炮，长二尺三寸，口径七寸一分，重560斤，发射30斤重的炮弹，弹内装火药三斤，需用四轮车运载。

佛郎机炮

佛郎机炮简称佛郎机，原是葡萄牙、西班牙、德国、意大利、英国等国家，在15世纪制造的一种子母管配用的火炮。所谓母管即通常所说的炮管，子管即事先装填好弹药的子炮。这种炮用火绳点火发射，有的用作舰炮。

一般认为，佛郎机炮传入中国是在明正德至嘉靖年间。正德十二年（1517年），刑部尚书顾应祥在广州城外锚泊的葡萄牙舰船上，见到了这种舰炮。嘉靖元年（1522年），明军在广东新会的西草湾之战中缴获了这种舰炮。由于它是最早传入我国的用火绳点火发射的火炮，比明军所用的大型火铳具有较多的优越性，所以明军器局和兵仗局经过研究后，在嘉靖二年（1523

佛郎机炮及其细部构造

年）就仿制了32门，发给驻边部队使用。

在仿制的过程中，中国工匠还充分发挥了他们的聪明才智，改进了佛郎机的制造，生产了大佛郎机和铅锡铳的小佛郎机等。嘉靖七年又造4000门中型佛郎机。嘉靖八九年间，都察院右都御史汪鋐两次上书朝廷，请求大量制造，用以改善北边的守备设施。朝廷批准了他的建议，并由军器局和兵仗局开始制造。嘉靖二十二年（1543年），工匠们又将手把铜铳、碗口铳改制为

小佛郎机。嘉庆二十三年（1544 年）造1000 支马上佛郎机。嘉庆四十三年又造出铁制佛郎机，至此佛郎机已成为明军主要装备之一，也成为中国古代火器中一个有机的组成部分。

除了上述各种中小型、便携式的佛郎机之外，明代还制造了其他改进型的佛郎机，主要有改制的无敌大将军炮，以及翁万达制造的百出佛郎机、万胜佛郎机等。

无敌大将军炮是用旧式重型将军炮改制的一种佛郎机式车载重型火炮，每门配子炮三个。使用时，先在炮身下面垫放木块，以调整炮身的俯仰角，然后将子炮嵌入无敌大将军炮的装弹室中，对准目标，进行发射。射毕一发，再换装一个子炮，可依次连装连发。每发子炮中装有 500 枚小铅丸，射出后弹着面宽，杀伤威力大。无敌大将军炮全重 1050 斤，行军时需要用一辆大型炮车载运。

无敌大将军炮是我国明代最早将火绳点火装置和佛郎机的构造形式，移植于我国古代旧式火炮的一种尝试，它为旧式火饱的改造开辟了一个新的途径。

百出佛郎机是宣大总督翁万达在明嘉靖二十五年（1546 年）创制的一种子母铳配合使用的单兵枪，母铳长三四尺，配子铳 10 个。母铳与子铳之间用驻榫扣住，使铳身在倒提或俯射时，子铳不会滑落。同时，在母铳的铳口还可安置一个六寸长的戈形叉锋，具有枪刺的作用。万胜佛郎机与百出佛郎机的使用方法大致相同。

总之，明代后期的火器研制者在及时采用世界先进技术方面所取得的成就是十分显著的。明军也以这些佛郎机为基础，创建了新型的水兵营和由车炮营、骑兵营、步兵营、辎重营组成的合成军，并建立了长城的火炮防御体系。明朝后期火器在战场上已经相当普及，明军主力和精锐部队都大量使用火器，冷热兵器配备达到了 3∶1，仅从万历四十六年（1618 年）至天启元年（1621 年），三年中因辽战发往广宁以资补充的各种火器，累计大炮 18154 门，佛郎机 4090 架，枪类 2080 杆，火药类 1773658 斤，大小铅弹 142368 斤，大

小铁弹 1253200 个之多，火器几乎占到了全部兵器的一半。

清代制造的佛郎机主要制品有奇炮和子母炮。

奇炮制于清康熙二十四年（1685 年），母炮长五尺五寸六分，重三十斤，配子炮四个。子炮内装填火药若干及二两半铅弹一枚。发射时，将母炮安装于三脚架上，从后部装入子炮。用向下微曲的尾柄调整射角，进行发射。北京故宫博物院内，藏有一门传世的奇炮，其基本情况与文献的记载相吻合。

子母炮制于清代前期，有粗细两类。粗者长五尺三寸，重九十五斤，前细后粗，尾盖像一个覆盖着的斗笠；全身有五道箍，两侧各有一个炮耳，炮管下部有一个插销，便于将炮身插在炮车座上发射；炮管后部有一个敞口装弹室，用于装填子炮；子炮重八斤，每门母炮配子炮五个，可连装连射。炮管细长者称木把子母炮，长五尺八寸，重八十五斤，炮尾有一个木柄，木柄后部俯曲，可用它调整射角。炮身用铁销安插在平板四轮车上，可推挽而行。

佛郎机虽然对明嘉靖至万历年间火炮的更新起了一定的推动作用，但是由于它采用子母管组合使用的方式，子炮的装药量不可能太多，因此威力的提高受到限制。当威力更大的红夷炮传入我国后，它便退居于次要地位了。

知识链接

宋代（960—1279 年）及元代（1279—1368 年）的重要军事发明

宋代（960—1279 年）

宋代有金属鞭、锏。

在军事侦察中应用了“望楼”。

防守中应用了打击散兵的“狼牙拍”，使用了很重的打击器械“铁撞

木”，出现了可钩拉敌人的“飞钩”、限制来敌人马行动的“陷马坑”及“吊桥”等。

进攻中应用了可以破坏防御设施、驱赶和杀伤防御士兵的“饿鹘车”、“搭车”、“砲楼”等。

宋代已有水平很高的发明——“猛火油柜”。

宋代已有火药附在箭上的“火箭”，用来纵火。

始制成燃烧类火器——“火炮”。

始制成最早爆炸类火器炸弹——“霹雳炮”。

始制成最早管状火器——竹制的“火枪”。

宋代设立专门的火药生产厂。

在许多战争场合应用独轮车，如“虎车”、“巷战车”、“运干粮车”、“联络战车”等。

元代（1279—1368 年）：

制成金属管（铜质）的火器。

管状火器使用了铁弹丸。

进行了最早的喷气飞行实验。

红夷炮

红夷炮是明末以来对欧洲所用长管加农炮的通称。16 世纪，英国与荷兰已用它作舰炮。公元 1620 年，有一艘装备这种舰炮的英国舰船在澳门附近海域搁浅，葡萄牙当局将舰上装备的 30 门舰炮据为己有。明廷在天启年间先后

红夷炮

购买了这30门西洋大炮。

明崇祯年间，明廷委派徐元启、李之藻和汤若望等中外军事技术家，按照它的形制构造制成500门。一些地方的统兵大员也捐资制造了许多红夷炮，作为抗击后金军之用。后金天聪五年（1631年），在皇太极的推动下，后金兵器制造部门也制成了第一门红夷炮。清军入关以后的80年中，继续制造大小各型红夷炮，多达900余门，形成红夷炮系列的火炮，装备清军各部使用，一直延续到鸦片战争时期。因此可以说，红夷炮是中国明末清初的火器研制者在融合东西方火炮制造技术后，所制最后一个系列的古代火炮。

红夷炮同包括佛郎机在内的各种古代火炮相比，在设计上比较先进，它以口径的尺寸为基数，按一定的比例倍数，设计火炮的管长、壁厚、炮耳的长度和直径等各个部分，因而结构合理，使火炮具有身管长，弹道低伸，管壁厚，安全可靠，射程远，命中精度高等优点。

现存的明末红夷炮在各地多有所见，其中山海关、中国国家博物馆、山西省博物馆等处收藏的红夷炮，至今保存完好，成为珍贵的文物。

清军在1644年入关后，所制红夷炮的数量增多，其中比较著名的有神威无敌大将军炮、威远将军炮、武成永固大将军炮，此外还有神功将军炮、得胜将军炮、制胜将军炮等。

其中最具代表性的是神威无敌大将军炮，这是一种大型攻城炮，制于清康熙十五年（1676年），共有52门。1975年5月，齐齐哈尔建华机械厂工人在该厂发现一门清军在雅克萨之战中使用过的“神威无敌大将军炮”。炮身除口沿外，前细后粗，底盖如覆盆，上有球形尾珠，近炮底处有一个方形火门，炮身中部两侧各横出一个炮耳，炮口与底部正上方分别有准星和照门，炮身有五道箍，半腰留有一条合缝线，似为铸炮痕迹。炮身保存完好，未见炮车。炮膛底部尚遗留一枚铁铸球形实弹。炮身用满汉文字刻有“神威无敌大将军大清康熙十五年三月二日造”等字。

康熙以后，自雍正至道光年间，清朝所制大中型火炮，基本上仍是红夷炮系列的火炮。

知识链接

明代（1368—1644年）的重要军事发明

使用火药制成地雷、水雷。

制成铁制管状火器。

明代已有引发火药延时爆炸的钢轮发火装置。

欧洲较先进的火器传入中国。

明代已在防守中配合城墙使用“千斤闸”。

明代重修万里长城。

将火药用于烽火台上，能发出黑、白、紫、青、红五色烟雾，传递不同的信息。

明代已有用来防范火器并可喷火的盾牌。

制成暗器“袖箭”。

明军已使用口罩防毒。

明代出现分为五层的高大云梯——“临冲吕公车”。

出现火药推进的火箭。

出现管状火器使用的爆炸弹。

管状火器开始安装瞄准器。

出现轮转发射的管状火器，已具多管机关枪的雏形。

出现以火药推动、飞向目标后发生爆炸的导弹。

出现以火药推动的最早的二级导弹。

出现以火药推动的自动返回火箭的最早记载。

出现利用火药、以独轮车制成的威力巨大的“架火战车”。

图片授权

全景网

壹图网

中华图片库

林静文化摄影部

敬　启

本书图片的编选，参阅了一些网站和公共图库。由于联系上的困难，我们与部分入选图片的作者未能取得联系，谨致深深的歉意。敬请图片原作者见到本书后，及时与我们联系，以便我们按国家有关规定支付稿酬并赠送样书。

联系邮箱：932389463@ qq. com

参考书目

1. 纸上魔方编绘．五花八门的古代兵器．天津：天津古籍出版社．2013.

2. 张杰编著．青少年读图百科·古代兵器．长沙：湖南美术出版社．2013.

3. 梅文编著．中国红·古代兵器．合肥：黄山书社．2012.

4. 魏兵著．中国兵器甲胄图典．北京：中华书局．2011.

5. 伯仲，古月编著．三国演义兵器图谱．长沙：湖南美术出版社．2010.

6. 周纬著．中国兵器史．北京：中国友谊出版公司．2010.

7. 谢宇，唐文立编著．中国古代兵器鉴赏．北京：华龄出版社．2008.

8. 杨泓著．古代兵器通论．北京：紫禁城出版社．2005.

9. 陆锡兴主编．中国古代器物大词典：兵器·刑具．石家庄：河北教育出版社．2004.

10. 刘旭著．中国古代火药火器史．郑州：大象出版社．2004.

11. 王兆春著．中国古代兵器．北京：商务印书馆．1996.

12. 杜文玉，王颜，刘鹏，魏顺兰编著．图说中国古代兵器与兵书．北京：世界图书出版公司．2007.

13. 段清波著．刀枪剑戟十八般：中国古代兵器．成都：四川教育出版社．1998.

14. 杨泓著．古代兵器史话．上海：上海科学技术出版社．1988.

中国传统风俗文化丛书

一、古代人物系列（9本）

1. 中国古代乞丐
2. 中国古代道士
3. 中国古代名帝
4. 中国古代名将
5. 中国古代名相
6. 中国古代文人
7. 中国古代高僧
8. 中国古代太监
9. 中国古代侠士

二、古代民俗系列（8本）

1. 中国古代民俗
2. 中国古代玩具
3. 中国古代服饰
4. 中国古代丧葬
5. 中国古代节日
6. 中国古代面具
7. 中国古代祭祀
8. 中国古代剪纸

三、古代收藏系列（16本）

1. 中国古代金银器
2. 中国古代漆器
3. 中国古代藏书
4. 中国古代石雕
5. 中国古代雕刻
6. 中国古代书法
7. 中国古代木雕
8. 中国古代玉器
9. 中国古代青铜器
10. 中国古代瓷器
11. 中国古代钱币
12. 中国古代酒具
13. 中国古代家具
14. 中国古代陶器
15. 中国古代年画
16. 中国古代砖雕

四、古代建筑系列（12本）

1. 中国古代建筑
2. 中国古代城墙
3. 中国古代陵墓
4. 中国古代砖瓦
5. 中国古代桥梁
6. 中国古塔
7. 中国古镇
8. 中国古代楼阁
9. 中国古都
10. 中国古代长城
11. 中国古代宫殿
12. 中国古代寺庙

五、古代科学技术系列（14 本）

1. 中国古代科技
2. 中国古代农业
3. 中国古代水利
4. 中国古代医学
5. 中国古代版画
6. 中国古代养殖
7. 中国古代船舶
8. 中国古代兵器
9. 中国古代纺织与印染
10. 中国古代农具
11. 中国古代园艺
12. 中国古代天文历法
13. 中国古代印刷
14. 中国古代地理

六、古代政治经济制度系列（13 本）

1. 中国古代经济
2. 中国古代科举
3. 中国古代邮驿
4. 中国古代赋税
5. 中国古代关隘
6. 中国古代交通
7. 中国古代商号
8. 中国古代官制
9. 中国古代航海
10. 中国古代贸易
11. 中国古代军队
12. 中国古代法律
13. 中国古代战争

七、古代文化系列（17 本）

1. 中国古代婚姻
2. 中国古代武术
3. 中国古代城市
4. 中国古代教育
5. 中国古代家训
6. 中国古代书院
7. 中国古代典籍
8. 中国古代石窟
9. 中国古代战场
10. 中国古代礼仪
11. 中国古村落
12. 中国古代体育
13. 中国古代姓氏
14. 中国古代文房四宝
15. 中国古代饮食
16. 中国古代娱乐
17. 中国古代兵书

八、古代艺术系列（11 本）

1. 中国古代艺术
2. 中国古代戏曲
3. 中国古代绘画
4. 中国古代音乐
5. 中国古代文学
6. 中国古代乐器
7. 中国古代刺绣
8. 中国古代碑刻
9. 中国古代舞蹈
10. 中国古代篆刻
11. 中国古代杂技